वॉरेन बफे
के
इन्वेस्टमेंट लेसंस

वॉरेन बफे
के
इन्वेस्टमेंट लेसंस

प्रदीप ठाकुर

प्रभात
प्रकाशन

प्रकाशक
प्रभात प्रकाशन प्रा. लि.
4/19 आसफ अली रोड, नई दिल्ली-110002
फोन : 011-23289777 • हेल्पलाइन नं. : 7827007777
इ-मेल : prabhatbooks@gmail.com ❖ वेब ठिकाना : www.prabhatbooks.com

संस्करण
2026

पेपरबैक मूल्य
तीन सौ पचास रुपए

मुद्रक
श्री साई प्रिंटर्स, साहिबाबाद

WARREN BUFFETT KE INVESTMENT LESSONS
by Shri Pradeep Thakur

Published by **PRABHAT PRAKASHAN PVT. LTD.**
4/19 Asaf Ali Road, New Delhi-110002

ISBN 978-93-90378-50-0

₹ 350.00 (PB)

भूमिका

वॉरेन बफे को अब तक का सबसे बड़ा निवेशक कहा जाता है, लेकिन इससे भी महत्त्वपूर्ण बात यह है कि वे निवेश करनेवाले सर्वश्रेष्ठ शिक्षकों में से एक हैं। अपनी वार्षिक रिपोर्टों और अनगिनत साक्षात्कारों में वे स्वतंत्र रूप से अनमोल ज्ञान प्रदान करते हैं, जिसका उपयोग आप बेहतर निवेश करने और अपने वित्तीय लक्ष्यों तक जल्द पहुँचने के लिए कर सकते हैं।

इस पुस्तक में उनके निवेश जीवन के महत्त्वपूर्ण पाठ पिरोए गए हैं, जिन्हें जीवन में उतारकर निवेश की दुनिया में सरलता से सफल हुआ जा सकता है।

एक सफल निवेशक होने के आवश्यक कौशल में महारत हासिल करने के लिए हजारों घंटे के सहज अध्ययन की आवश्यकता होती है, फिर सार्थक निवेश खोजने के उस कौशल का उपयोग करने के लिए हजारों और घंटे की भी। बफे ने अपने निजी पुस्तकालय में हर निवेश संबंधी पुस्तक को पढ़ा; उनमें से कई को तो उन्होंने ग्यारह साल की उम्र ही से कई–कई बार पढ़ा।

भावनात्मक होना निवेश के लिए बुरा है। अत्यधिक आशावाद और अपनी निवेश क्षमताओं के बारे में अत्यधिक आश्वस्त होना भी अकसर खतरनाक होता है। इसके विपरीत, बफे के फैसले ऐसी भावनात्मकता से अछूते हैं। बेहतर निवेश करने के लिए मानव मनोविज्ञान के छात्र बनें और जानें कि कैसे भावनाएँ संज्ञानात्मक त्रुटियों को जन्म देती हैं, ताकि आप

उन त्रुटियों से बच सकें तथा जब दूसरे उन्हें करते हों तो आपको लाभ हो।

बफे कहते हैं कि आधुनिक वित्तीय सिद्धांत मौलिक रूप से त्रुटिपूर्ण है। उनकी लगातार दीर्घकालिक सफलता इस बात का प्रमाण है कि कुशल बाजार की परिकल्पना गलत है। बफेट ने कहा है कि एक निवेशक को बहुत कम चीजें करने की जरूरत है, जब तक कि वह बड़ी गलतियों से बचता है, और अपनी क्षमता के दायरे में रहना उनमें से एक है। बफे की निवेश की शैली कला के रूप में कम, विज्ञान के रूप में ज्यादा है।

बफे की रणनीति की कुंजी अच्छी कीमतों पर अच्छी कंपनियों को ढूँढ़ना है। अल्पावधि में बाजार से आगे निकलने की कोशिश करना खतरनाक है।

वॉरेन बफेट हमेशा कहते हैं कि यदि आप किसी व्यवसाय को नहीं समझते हैं, तो उसमें निवेश न करें। यदि आप किसी विशेष क्षेत्र या कंपनी के बारे में नहीं जानते हैं तो कभी भी जोखिम या केवल जुए के आधार पर निवेश करने का साहस न करें। निवेशक का मुख्य अर्थ शेयरधारक होना है। एक शेयरधारक उस व्यवसाय के मुनाफे को साझा करनेवाली कंपनी के शेयरों का मालिक होता है। यही कारण है कि आपको पता होना चाहिए कि आप कहाँ निवेश कर रहे हैं।

वॉरेन बफे निवेशकों को हमेशा सलाह देते हैं कि वे अपने सभी अंडों को एक टोकरी में न रखें और जितना हो सके अपने पोर्टफोलियो में विविधता लाएँ। आपको अपने पोर्टफोलियो को बॉण्ड, बॉण्ड फंड, पी.पी.एफ., एन.एस.सी., इक्विटी, म्यूचुअल फंड और टर्म इंश्योरेंस के साथ प्लान करना चाहिए। वॉरेन बफे भीड़वाली मानसिकता रखने में विश्वास नहीं करते। वे कहते हैं कि दूसरों का अनुसरण करना बहुत आसान है, लेकिन किसी के लिए रास्ता निकालना बहुत मुश्किल।

निवेशको के लिए एक अति उपयोगी मार्गदर्शक पुस्तक।

अनुक्रम

1

व्यावसायिक दृष्टिकोण निवेश

वॉरेन बफे 'निवेश' (इन्वेस्टमेंट) गतिविधियों को विशुद्ध रूप से 'व्यवसाय' (बिजनेस) मानते हैं। निवेश करने की इस परिकल्पना (कॉन्सेप्ट) या दर्शन (फिलॉसफी) को पेशेवर भाषा में 'व्यावसायिक दृष्टिकोण निवेश' (बिजनेस पर्सपेक्टिव इन्वेस्टिंग) कहा जाता है। स्पष्ट है कि बफे की दृष्टि में निवेश वही है, जो व्यापार के मूल सिद्धांतों का पालन करता है और उसमें कहीं भी अटकलबाजी या सट्टेबाजी (स्पेकुलेशन) का कोई स्थान नहीं है। व्यापार का आधारभूत उद्देश्य लाभ (प्रॉफिट) कमाना है, जो अर्थशास्त्र के माँग (डिमांड) व आपूर्ति (सप्लाई) के मौलिक समीकरण (बेसिक फॉर्मूला) पर संचालित होता है। बफे की ऐतिहासिक निवेश सफलता का रहस्य इसी 'व्यापार दृष्टिकोण निवेश' में निहित है। यह शब्दावली सुनने व समझने में भले ही बहुत आसान लगती है, लेकिन यह बहुत ही चुनौतीपूर्ण परिकल्पना है। ऐसा इसलिए नहीं है कि व्यापार के दृष्टिकोण से निवेश करने के लिए बहुत अच्छे वित्तीय (फाइनेंशियल) एवं लेखा संबंधी (एकाउंटिंग) ज्ञान की आवश्यकता होती है, बल्कि इसलिए कि यह पूँजी बाजार (कैपिटल मार्केट) की प्रचलित बुद्धिमत्ता (प्रिवेलिंग विज्डम) बहुत ही अलग है।

आप जैसे-जैसे इस पुस्तक में आगे पढ़ेंगे, आपको पता चलेगा

कि वॉरेन बफे की 'व्यापार दृष्टिकोण निवेश' परिकल्पना विशेष प्रकार की पेशेवर कुशलता (प्रोफेशनल स्किल) है, जो 'व्यापार दर्शन' से अधिक 'व्यापार अनुशासन' (बिजनेस डिसिप्लिन) पर आधारित है और जब यह परिकल्पना आपकी समझ में आ जाएगी तो आपको यह भी पता चल जाएगा कि यह कुशलता भी संपूर्ण भक्ति (एब्सोल्यूट डिवोशन) की माँग करती है। यही अटूट भक्ति आपको वित्तीय परिदृश्य (फाइनेंशियल लैंडस्केप) में अपने अस्तित्व को बनाए रखने में मदद कर सकती है। छोटा सा भटकाव भी आपको हमेशा के लिए 'भय' एवं 'लालच' की मूर्खतापूर्ण धारणा पर नाचने को मजबूर कर देगा और आप कभी भी विवेकशील निवेशक (प्रूडेंट इन्वेस्टर) नहीं रह पाएँगे और हमेशा के लिए ढीठ सट्टेबाज (इंप्रूडेंट स्पेकुलेटर) बन जाएँगे।

यही अटूट भक्ति आपको वित्तीय परिदृश्य (फाइनेंशियल लैंडस्केप) में अपने अस्तित्व को बनाए रखने में मदद कर सकती है। छोटा सा भटकाव भी आपको हमेशा के लिए 'भय' एवं 'लालच' की मूर्खतापूर्ण धारणा पर नाचने को मजबूर कर देगा और आप कभी भी विवेकशील निवेशक (प्रूडेंट इन्वेस्टर) नहीं रह पाएँगे और हमेशा के लिए ढीठ सट्टेबाज (इंप्रूडेंट स्पेकुलेटर) बन जाएँगे।

ध्यान रखें, विश्व के सभी पूँजी बाजारों में ढीठ सट्टेबाजों की संख्या बहुत अधिक है, जो अटकलबाजियों पर आधारित मूर्खतापूर्ण व्यवसाय व्यवहार (बिजनेस बिहेवियर) को हवा देकर भय व लालच का वातावरण बनाते हैं। झटपट धनवान् बनने का सपने देखनेवाले लोग उनके इस जाल में फँसते हैं, क्योंकि उन्हें सट्टेबाजी का रास्ता आसान लगता है। ऐसे लोग कभी

भी विवेकशील निवेशकों की अध्यवसायी साधना (स्ट्रेनुअस प्रैक्टिस) में आनंद नहीं ले पाते हैं और सट्टेबाजों की विशाल टीम का हिस्सा बन जाते हैं, या फिर सबकुछ लुटाकर बाजार से ही बाहर हो जाते हैं। इसके उलट, यदि आप व्यापार के दृष्टिकोण से निवेश करते हैं तो दूसरों की मूर्खता आपके लिए लाभ की फसल काटनेवाली उपजाऊ खेती बन जाती है, अर्थात् पूँजी बाजार में भय व लालच की बहुप्रचलित मानसिकता के कारण ढीठ सट्टेबाज मूर्खतापूर्ण व्यापार व्यवहार करते हैं तो विवेकशील निवेशक, जो केवल व्यवसाय-दृष्टिकोण से ही अनुशासित होते हैं और विवेकपूर्ण पूँजी-निवेश करते हैं, को उनकी गलतियों से लाभ कमाने के अवसर मिलते हैं।

पूँजी बाजार में भय व लालच की बहुप्रचलित मानसिकता के कारण ढीठ सट्टेबाज मूर्खतापूर्ण व्यापार व्यवहार करते हैं तो विवेकशील निवेशक, जो केवल व्यवसाय-दृष्टिकोण से ही अनुशासित होते हैं और विवेकपूर्ण पूँजी-निवेश करते हैं, को उनकी गलतियों से लाभ कमाने के अवसर मिलते हैं।

सावधान! व्यवसाय के दृष्टिकोण से निवेश करनेवाले विवेकशील निवेशकर्ताओं को केवल दूसरों की मूर्खताओं से ही लाभ कमाने का अवसर नहीं मिलता है। वास्तव में, दूसरों की गलतियों से लाभ के अवसर तो उन्हें बस, अपने अनुशासित व्यापार-व्यवहार के कारण मिल जाते हैं; लेकिन इस अनुशासन का उपयोग सभी प्रकार के वित्तीय साधनों (फाइनेंशियल इंस्ट्रूमेंट) के व्यापार में नहीं किया जा सकता है। इसे वॉरेन बफे के गुरु बेंजामिन ग्राहम ने 'बॉण्ड' (ऋण-प्रतिभूति/डेट सिक्योरिटी) के चुनाव के संदर्भ में नकारात्मक कला (नेगेटिव आर्ट) कहा था। हाँ, यह एक ऐसा अनुशासन है, जो

विवेकशील निवेशकर्ताओं को यह संकेत अवश्य ही देता है कि 'क्या खरीदने के लिए' उन्हें 'क्या नहीं खरीदना है'।

क्या है व्यवसाय के दृष्टिकोण से निवेश?

वॉरेन बफे का वित्तीय दर्शन है कि निवेश सबसे अधिक बुद्धिमत्तापूर्ण तब होता है, जब यह सबसे अधिक व्यापार जैसा होता है। इसका अर्थ क्या है? इसका अर्थ यह है कि जब कोई निवेशक पूँजी बाजार की सीमाओं से बाहर निकलकर उन व्यवसायों के 'स्वामित्व के अर्थशास्त्र' (इकोनॉमिक्स ऑफ ओनरशिप) के बारे में सोचना शुरू कर देता है, जिनका प्रतिनिधित्व सामान्य शेयर (कॉमन स्टॉक) करते हैं।

जब कोई निवेशक पूँजी बाजार की सीमाओं से बाहर निकलकर उन व्यवसायों के 'स्वामित्व के अर्थशास्त्र' (इकोनॉमिक्स ऑफ ओनरशिप) के बारे में सोचना शुरू कर देता है, जिनका प्रतिनिधित्व सामान्य शेयर (कॉमन स्टॉक) करते हैं।

तो क्या आप कोई भी शेयर खरीदने से पहले उसके 'स्वामित्व के अर्थशास्त्र' के बारे में विचार करते हैं? या फिर अपने शेयर दलाल के बाजार भाव के आँकड़ों व अनुमानों के आधार पर ही अपने निवेश का फैसला करते हैं? याद रखें कि सामान्य शेयर (कॉमन स्टॉक) संबंधित व्यावसायिक उद्यम में आंशिक स्वामित्व (पार्शियल ओनरशिप) का प्रतिनिधित्व करता है, अर्थात् जब आप किसी कंपनी का शेयर खरीदते हैं तो वास्तव में उसका आंशिक स्वामित्व ही खरीदते हैं। ऐसे में, जब आप किसी कंपनी के व्यवसाय को भलीभाँति समझे बिना ही उसका आंशिक स्वामित्व खरीदते हैं तो 'व्यवसाय के दृष्टिकोण से निवेश' नहीं करते, बल्कि 'घोड़ों की चाल' पर दाँव लगाकर जुआ ही खेलते हैं।

यही कारण था कि वॉरेन बफे को उनके गुरु बेंजामिन ग्राहम ने सिखाया था कि 'किस शेयर में?' और 'किस कीमत पर?' पूछने की बजाय 'किस उद्यम में' और 'प्रतिबद्धता प्रस्ताव की शर्तें क्या हैं?' तथा 'किस शर्त पर प्रतिबद्धता (कमिटमेंट) प्रस्तावित है?' पूछना चाहिए। यदि हम अपने निवेश के बारे में फैसला करने से पहले इस तरीके से प्रश्न पूछते तो हम वास्तव में व्यापार जैसा दृष्टिकोण अपनाते हैं। तो वॉरेन बफे का मुख्य विचार उत्कृष्ट व्यवसाय को उस कीमत पर खरीदना है, जो व्यावसायिक समझ (बिजनेस सेंस) बनाती हो। तो क्या 'व्यावसायिक समझ' बनाती है? वॉरेन के शब्दों में कहें तो व्यावसायिक समझ बनाने का अर्थ यह है कि आपने जिस उद्यम में निवेश किया है, वह आपको (निवेशक को) सबसे कम जोखिम पर सबसे अधिक अनुमान योग्य चक्रवृद्धि दर पर वापसी संभव करे। सावधान, वॉरेन बफे इसलिए सबसे अधिक सफल साबित हो रहे हैं, क्योंकि वह व्यवसाय स्वामियों की तरह दीर्घकालिक निवेश (लॉन्ग टर्म इन्वेस्टमेंट) से प्रेरित होकर निवेश करते रहे हैं। वह पूँजी बाजार के अधिकांश निवेश प्रबंधकों की तरह 'अल्पकालिक लाभ' (शॉर्ट टर्म प्रॉफिट) के लालच से उत्साहित नहीं होते हैं।

> ***क्या 'व्यावसायिक समझ' बनाती है? वॉरेन के शब्दों में कहें तो व्यावसायिक समझ बनाने का अर्थ यह है कि आपने जिस उद्यम में निवेश किया है, वह आपको (निवेशक को) सबसे कम जोखिम पर सबसे अधिक अनुमान योग्य चक्रवृद्धि दर पर वापसी संभव करे।***

उदाहरण के लिए, वॉरेन जब भी किसी अच्छे व्यावसायिक उद्यम का आंशिक स्वामित्व, यानी शेयर खरीदने का विचार करते हैं तो सबसे पहले उसके पिछले वर्षों के वित्तीय विवरणों (फाइनेंशियल स्टेटमेंट)

का अध्ययन करते हैं, फिर संबंधित व्यवसाय की भविष्य की संभावनाओं का आकलन करते हैं और फिर शेयर की कीमत पूछते हैं। वह शेयर की गणना कीमत की उस उद्यम की वार्षिक आय से करते थे और देखते थे कि उस कीमत पर उन्हें कितनी वापसी हो रही थी। यदि किसी उद्यम का आस्किंग प्राइस 1 लाख डॉलर है और वह 20,000 डॉलर की वार्षिक आय कर रहा था तो उसकी वार्षिक वापसी दर (एनुअल रेट ऑफ रिटर्न) 20 प्रतिशत हुई। अब निवेश का फैसला करने से पहले वॉरेन अन्य निवेश विकल्पों के बारे में विचार करेंगे और यदि यह सबसे कम जोखिम पर सबसे अधिक वापसी देनेवाला उद्यम साबित हुआ, तभी वह उस व्यवसाय का पूरा या आंशिक स्वामित्व खरीदेंगे।

अब निवेश का फैसला करने से पहले वॉरेन अन्य निवेश विकल्पों के बारे में विचार करेंगे और यदि यह सबसे कम जोखिम पर सबसे अधिक वापसी देनेवाला उद्यम साबित हुआ, तभी वह उस व्यवसाय का पूरा या आंशिक स्वामित्व खरीदेंगे।

ध्यान रहे कि अमेरिका सहित विश्व भर के पूँजी बाजारों में वॉरेन बफे की बुद्धिमानी से शेयर कारोबार नहीं होते। वॉरेन 20 प्रतिशत वार्षिक वापसी देनेवाले उद्यम के स्वामित्व को सामान्य रूप से एक, दो या तीन वर्षों के लिए ही अपने पास बनाए रखना पसंद नहीं करते हैं, बल्कि वह उसे पंद्रह या अधिक वर्षों तक अपने पास रखकर उस व्यवसाय की पूरी संभावनाओं का चक्रवृद्धि दर से लाभ कमाने की कोशिश करते हैं, लेकिन विश्व भर के पूँजी बाजारों के अधिकांश व्यापारी इसके विपरीत रणनीति अपनाते हैं और वे कम-से-कम समय में अधिक-से-अधिक लाभ कमाने की कोशिश करते हैं। यदि आप वॉरेन की निवेश रणनीति को अपनाते हैं तो आप 20 प्रतिशत कमाई देनेवाले

आंशिक स्वामित्व, यानी शेयर को 35 प्रतिशत की तात्कालिक अधिक कमाई पर नहीं बेचेंगे; क्योंकि आयकर (इनकम टैक्स) समायोजित करने के बाद आपकी वास्तविक कमाई लगभग 25 प्रतिशत पर ही सिमट जाएगी और ऐसी स्थिति भी हो सकती है कि आपको उस नकदी से अधिक संभावनाओंवाले शेयर खरीदने का अवसर ही न मिले। यही कारण है कि अच्छे व्यवसायी की तरह वॉरेन बफे अच्छी संभावनाओंवाले व्यवसाय को अपने पास बनाए रखना ही पसंद करते हैं। वॉरेन की दृष्टि में पूँजी बाजार की लघुकालिक लाभ की रणनीति की तुलना में सही व्यवसाय के स्वामित्व का दीर्घकालिक लाभ अधिक मूल्यवान् होता है।

यही कारण है कि अच्छे व्यवसायी की तरह वॉरेन बफे अच्छी संभावनाओंवाले व्यवसाय को अपने पास बनाए रखना ही पसंद करते हैं। वॉरेन की दृष्टि में पूँजी बाजार की लघुकालिक लाभ की रणनीति की तुलना में सही व्यवसाय के स्वामित्व का दीर्घकालिक लाभ अधिक मूल्यवान् होता है।

आय को देखने की अपरंपरागत दृष्टि

व्यवसाय के दृष्टिकोण से निवेश करने के लिए वॉरेन बफे उद्यम विशेष की वार्षिक आय को भी बिलकुल अपरंपरागत दृष्टि से देखते हैं। वह अपने स्वामित्व के अनुपात में कंपनी विशेष की आय का विचार करते हैं। उदाहरण के लिए, यदि कोई कंपनी प्रति शेयर 5 डॉलर की वार्षिक आय दे रही है और वॉरेन के पास उसके 100 शेयर हैं तो वह यही मानते हैं कि उन्होंने 500 डॉलर की कमाई की। यदि कंपनी लाभांश (डिविडेंड) का भुगतान करने की बजाय उस आय को अपने पास

रखती है और उसे उसके लिए फिर से निवेश करती है तो भी उसके स्वामित्व के अंतर्निहित मूल्य (अंडरलाइंग वैल्यू) को बढ़ाती है। वॉरेन का मानना है कि कुछ समय के बाद जब पूँजी बाजार उस कंपनी के अंतर्निहित मूल्य का आकलन करेगा तो वह उसके शेयर के मूल्य में वृद्धि का कारण बनेगा।

यहाँ पर ध्यान देने की बात यह है कि पूँजी बाजार के अधिकांश पेशेवर आमतौर पर लाभांश के नकद भुगतान को ही आय में गिनते हैं, लेकिन वॉरेन का मानना है कि कंपनी को अपनी पूरी आय को अपने पास ही रखना चाहिए; लेकिन उसे सुनिश्चित करना चाहिए कि वह निवेशक को लाभांश का नकद भुगतान हासिल करने की तुलना में अधिक वापसी दे सकेगी। वॉरेन ऐसा इसलिए भी करते रहे हैं, क्योंकि लाभांश राशि पर निजी आयकर की देनदारी बन जाती है, जबकि कंपनी के पास रहने से वह इसकी सीमा से बाहर रहती है।

उसे सुनिश्चित करना चाहिए कि वह निवेशक को लाभांश का नकद भुगतान हासिल करने की तुलना में अधिक वापसी दे सकेगी। वॉरेन ऐसा इसलिए भी करते रहे हैं, क्योंकि लाभांश राशि पर निजी आयकर की देनदारी बन जाती है, जबकि कंपनी के पास रहने से वह इसकी सीमा से बाहर रहती है।

ध्यान रहे कि पूँजी बाजार लगभग हमेशा से ही उन कंपनियों के खिलाफ पक्षपातपूर्ण रुख अपनाता रहा है, जो अपनी पूरी आय अपने पास ही रखकर लाभांश का भुगतान नहीं करती रही हैं। इस पक्षपातपूर्ण रुख की जड़ें बहुत गहरी हैं। 20वीं सदी के शुरुआती दशकों में पूँजी बाजार के अधिकांश लोग निवेश के उद्देश्यों से शेयर की बजाय मुख्य रूप से 'बॉण्ड' (ऋण प्रतिभूति/डेट सिक्योरिटी) ही खरीदते थे। लोगों के इस

रुख के पीछे वास्तविक तथ्य यह था कि 'बॉण्ड' संबंधित कंपनी की परिसंपत्ति (एसेट) से सुरक्षित होते थे, अर्थात् दिवालिया होने की स्थिति में कंपनी की परिसंपत्ति पर पहला दावा उसके बॉण्डधारकों का ही होता था (और अभी भी आमतौर पर ऐसा ही होता है)। बॉण्ड जारी करनेवाली कंपनियाँ अपने बॉण्डधारकों को हरेक तिमाही में ब्याज का भुगतान करती थीं। ऐसे में ब्याज का भुगतान नहीं मिलने की स्थिति में निवेशकों को यह पता चलता था कि कंपनी प्रॉब्लम में थी।

> ***इसके विपरीत, कंपनियों के सामान्य शेयर में निवेश को खतरनाक माना जाता था। इसका सबसे बड़ा कारण यह था कि उस समय के लेखांकन विनियम (एकाउंटिंग रेगुलेशन) आज की तरह सख्त नहीं थे।***

इसके विपरीत, कंपनियों के सामान्य शेयर में निवेश को खतरनाक माना जाता था। इसका सबसे बड़ा कारण यह था कि उस समय के लेखांकन विनियम (एकाउंटिंग रेगुलेशन) आज की तरह सख्त नहीं थे। ऐसे में, बड़े हिस्से के स्वामियों एवं प्रबंधन के लिए कंपनी के लेखा खाते में हेरा-फेरी करना बहुत ही आसान काम होता था। यदि आप वॉरेन बफे के गुरु बेंजामिन ग्राहम की सन् 1934 में प्रकाशित पुस्तक 'सिक्योरिटी एनालिसिस' पढ़ें तो आपको पता चलेगा कि उस समय प्रतिभूति विश्लेषक (सिक्योरिटी एनालिस्ट) किस प्रकार लेखांकन घोटालों (एकाउंटिंग फ्रॉड्स) को उजागर कर ढेर लगाया करते थे, लेकिन इसी पुस्तक के बाद के संस्करण में ग्राहम ने यह भी सूचित किया है कि सन् 1940 में अमेरिकी प्रतिभूति एवं विनिमय आयोग (यू.एस. सिक्योरिटीज एंड एक्सचेंज कमीशन) की स्थापना के बाद इस प्रकार के लेखांकन घोटालों का अस्तित्व समाप्त हो गया था। स्पष्ट है कि उसके बाद पूँजी बाजार में कंपनियों के सामान्य शेयर में निवेशकों का भरोसा

लगातार मजबूत होता चला गया था और शेयर कारोबार के नए युग का उदय हुआ था।

लेकिन पूँजी बाजार में हरेक तिमाही में लाभांश राशि के भुगतान की आदत बहुत हद तक पहले की ही तरह बनी रही थी और रोचक तथ्य यह है कि आज भी विश्व भर में बॉण्ड के साथ शेयर निवेश मामलों में भी लाभांश भुगतान की पक्षपातपूर्ण मानसिकता बनी हुई है; जबकि सभी देशों के पूँजी बाजारों को वहाँ के प्रतिभूति एवं विनिमय आयोग पेशेवर कुशलता के साथ संचालित करते हैं। यही कारण है कि आज भी प्रतिभूति विश्लेषक लाभांश भुगतान करनेवाली कंपनियों को ज्यादा अंक प्रदान करते हैं। याद रहे कि इसी पक्षपातपूर्ण मानसिकता के चलते 1980 के दशक के शुरुआती वर्षों में पूँजी बाजार में वॉरेन बफे की नियंत्रक (होल्डिंग) कंपनी 'बर्कशायर हैथवे' के शेयर खाता मूल्य (बुक वैल्यू) से कम पर खरीदे-बेचे जाते थे, लेकिन पूरी आय को अपने पास रखने और उसे निवेशकों की तुलना में अधिक लाभकारी बनाने में संबंधित कंपनी प्रबंधन की प्रतिबद्धता महत्त्वपूर्ण होती है। अन्यथा, निदेशक मंडल (बोर्ड ऑफ डायरेक्टर) के साथ साँठ-गाँठ कर बेईमान प्रबंधन आम निवेशकों को धोखा देकर अपनी संपत्ति को

याद रहे कि इसी पक्षपातपूर्ण मानसिकता के चलते 1980 के दशक के शुरुआती वर्षों में पूँजी बाजार में वॉरेन बफे की नियंत्रक (होल्डिंग) कंपनी 'बर्कशायर हैथवे' के शेयर खाता मूल्य (बुक वैल्यू) से कम पर खरीदे-बेचे जाते थे, लेकिन पूरी आय को अपने पास रखने और उसे निवेशकों की तुलना में अधिक लाभकारी बनाने में संबंधित कंपनी प्रबंधन की प्रतिबद्धता महत्त्वपूर्ण होती है।

बढ़ाने की साजिश भी कर सकते हैं।

यही कारण है कि यदि वॉरेन बफे लाभांश भुगतान की बजाय पूरी आय को कंपनी के पास बनाए रखने की जरूरत को रेखांकित करते हैं तो वह कंपनी प्रबंधन की गुणवत्ता पर भी बहुत अधिक जोर देते हैं और कंपनी प्रबंधन की गुणवत्ता को परखने के लिए वॉरेन यह देखते हैं कि वह लाभांश-राशि का क्या करती है। क्या वह उस राशि को किसी लाभकारी उद्यम में लगाती है या फिर भव्य सपनों में गँवाती है? वॉरेन का स्पष्ट मत है कि यदि कंपनी लाभांश राशि को पूरी ईमानदारी के साथ लाभकारी उद्यमों में नहीं लगा सकती है और निवेशकों को उनकी स्वयं की निवेश कुशलता से अधिक कमाई कर वापसी नहीं कर पाती है तो उसे लाभांश भुगतान ही कर देना चाहिए, ताकि निवेशक अपनी कुशलता से उसका निवेश कर सकें। याद रहे कि बफे ने 'बर्कशायर हैथवे' के निवेशकों की लाभांश राशि को 23 प्रतिशत (निगम आयकर संयोजन के बाद) चक्रवृद्धि दर से कमाई करनेवाले उद्यमों में निवेशित किया था, अर्थात् 'बर्कशायर हैथवे' ने प्रति 100 डॉलर की लाभांश राशि पर प्रतिवर्ष औसतन 23 डॉलर की कमाई सुनिश्चित की थी। यदि वह निवेशकों को लाभांश भुगतान कर देती तो लगभग 15 प्रतिशत (3.45 डॉलर) निजी आयकर कटने के बाद निवेशकों के हाथों

> ***वॉरेन का स्पष्ट मत है कि यदि कंपनी लाभांश राशि को पूरी ईमानदारी के साथ लाभकारी उद्यमों में नहीं लगा सकती है और निवेशकों को उनकी स्वयं की निवेश कुशलता से अधिक कमाई कर वापसी नहीं कर पाती है तो उसे लाभांश भुगतान ही कर देना चाहिए, ताकि निवेशक अपनी कुशलता से उसका निवेश कर सकें।***

में केवल 19.55 डॉलर ही पहुँच पाता।

इस तरह, वॉरेन ने लाभांश को अपनी ही कंपनी में बनाए रखते हुए निवेशकों की अधिक कमाई सुनिश्चित करने की कोशिश की थी। यही कारण था कि 1980 के दशक में जिन निवेशकों ने 'बर्कशायर हैथवे' के 'ए' श्रेणी के शेयर 500 डॉलर में खरीदे थे, उनका औसत बाजार मूल्य अब 2.30 लाख डॉलर (फरवरी 2017) के स्तर पर पहुँच गया।

शुरू से ही इस तरीके से चिंतन करते हुए वॉरेन इस निष्कर्ष पर पहुँचे थे कि सामान्य शेयर (कॉमन स्टॉक) भी बहुत हद तक उन बॉण्ड्स (ऋण-प्रतिभूति/डेट सिक्योरिटी) जैसे होते हैं, जिनकी लाभ की दरें (रेट ऑफ रिटर्न) बदलती रहती हैं। ठीक उसी प्रकार सामान्य शेयर की लाभ की दरें भी वर्ष विशेष में संबंधित कंपनियों की आय पर निर्भर करती हैं और इस विचारधारा पर आगे बढ़ते हुए वॉरेन को यह भी स्पष्ट हो गया था कि कुछ सामान्य शेयरों के पास अंतर्निहित व्यवसाय होते हैं, जो लगातार पर्याप्त कमाई करते हैं और उसके आधार पर वह उन शेयरों के भविष्य के लाभ की दरों के अनुमान लगा सकते थे। वॉरेन का अपने निवेश की लाभ-दर निकालने का तरीका बिलकुल आसान है। वह कंपनी के प्रति शेयर आय को शेयर खरीद मूल्य से भाग देकर उसकी गणना करते हैं। जैसे किसी कंपनी की प्रति शेयर आय 2 डॉलर है और उसका खरीद मूल्य 10 डालर प्रति शेयर है तो उसके निवेश की लाभ-दर 20 प्रतिशत हुई। रोचक तथ्य यह है कि वॉरेन चाहे एक शेयर खरीदें या फिर पूरी कंपनी, वह अपने लाभ

यही कारण था कि 1980 के दशक में जिन निवेशकों ने 'बर्कशायर हैथवे' के 'ए' श्रेणी के शेयर 500 डॉलर में खरीदे थे, उनका औसत बाजार मूल्य अब 2.30 लाख डॉलर (फरवरी 2017) के स्तर पर पहुँच गया।

का विश्लेषण इसी आधार पर करते हैं; तो वॉरेन के लाभकारी निवेश का रहस्य शेयर के खरीद मूल्य में निहित है।

'खरीद मूल्य' पर ही निर्भर है 'लाभ-दर'

वॉरेन बफे ने अपने गुरु बेंजामिन ग्राहम से निवेश के जो आधारभूत सिद्धांत सीखे थे, उनमें से एक यह है कि जिस मूल्य पर किसी शेयर को खरीदते हैं, वही आपके निवेश की लाभ-दर को सुनिश्चित करता है और वॉरेन अपने छोटे-बड़े सभी निवेशों में इस आधारभूत सिद्धांत का उपयोग करते रहे हैं।

वॉरेन बफे ने अपने गुरु बेंजामिन ग्राहम से निवेश के जो आधारभूत सिद्धांत सीखे थे, उनमें से एक यह है कि जिस मूल्य पर किसी शेयर को खरीदते हैं, वही आपके निवेश की लाभ-दर को सुनिश्चित करता है और वॉरेन अपने छोटे-बड़े सभी निवेशों में इस आधारभूत सिद्धांत का उपयोग करते रहे हैं।

हो सकता है, आप सुधी पाठक पूँजी बाजार में निवेश के बारे में अच्छा अनुभव रखते हों; लेकिन मैं यहाँ पर तथ्यों को बहुत ही सरल तरीके से रख रहा हूँ, ताकि हर किसी को बात समझ में आ जाए। चलिए, मैं आपसे बिलकुल आसान प्रश्न पूछता हूँ—कोई कंपनी आपको वर्ष के अंत में 1,100 रुपए के भुगतान के बदले में निवेश प्रस्ताव बेचना चाहती है तो उसे आप किस मूल्य पर खरीदेंगे?

यदि आप उसे 1,100 रुपए में खरीदते हैं तो वर्ष के अंत में आपका लाभ शून्य रहेगा और यदि आप उसे 1,000 रुपए में खरीदते हैं तो लाभ राशि 100 रुपए होगी; अर्थात् आपको अपने निवेश पर 10 प्रतिशत की दर से लाभ मिलेगा। अब आप सहज ही इसकी तुलना

दूसरे निवेश विकल्पों की लाभ-दरों से करना चाहेंगे। हो सकता है कि आपका बैंक आपको 1,000 रुपए की जमा राशि पर 7 प्रतिशत प्रतिवर्ष का लाभ प्रस्ताव दे रहा हो तो वर्ष के अंत में 70 रुपए ही कमाने का अवसर मिलेगा। स्पष्ट है कि आप 100 रुपए कमाईवाले प्रस्ताव को ही चुनेंगे। आप अन्य निवेश विकल्पों पर विचार करें। फिर भी, यदि आपको 10 प्रतिशत लाभ देनेवाला निवेश प्रस्ताव ही सबसे ऊपर है तो आप उसी में निवेश करने का अंतिम फैसला करेंगे।

मान लें कि आपने उसी निवेश प्रस्ताव को 1,050 रुपए में खरीद लिया था तो आपकी कुल वार्षिक लाभ-राशि मात्र 50 रुपए ही रह जाएगी। अब आप 50 में 1050 से भाग दें तो लाभ-दर 4.7 प्रतिशत होगी; लेकिन यदि आपने उसी निवेश प्रस्ताव को 950 रुपए में खरीदा तो आपकी लाभ-राशि 150 रुपए होगी और लाभ-दर (150 में 950 से भाग दें) बढ़कर 15.7 प्रतिशत हो जाएगी।

तो, आप वर्ष के अंत में 1,100 रुपए के भुगतान वाले निवेश प्रस्ताव को किस मूल्य पर खरीदेंगे? स्पष्ट है कि यदि आप न्यूनतम 10 प्रतिशत लाभ कमाना चाहते हैं तो आप उसे 1,000 रुपए से अधिक मूल्य पर नहीं खरीदेंगे। मान लें कि आपने उसी निवेश प्रस्ताव को 1,050 रुपए में खरीद लिया था तो आपकी कुल वार्षिक लाभ-राशि मात्र 50 रुपए ही रह जाएगी। अब आप 50 में 1050 से भाग दें तो लाभ-दर 4.7 प्रतिशत होगी; लेकिन यदि आपने उसी निवेश प्रस्ताव को 950 रुपए में खरीदा तो आपकी लाभ-राशि 150 रुपए होगी और लाभ-दर (150 में 950 से भाग दें) बढ़कर 15.7 प्रतिशत हो जाएगी। अतः स्पष्ट है कि खरीद मूल्य जितना ही कम होगा, लाभ उतना ही अधिक होगा और खरीद मूल्य

जितना ही अधिक होगा, लाभ उतना ही घट जाएगा; तो वॉरेन बफे का पहला निवेश पाठ है—कम भुगतान, अधिक लाभ।

इस तरह, जब वॉरेन बफे किसी व्यवसाय का मूल्यांकन करते हैं तो यही प्रक्रिया अपनाते हैं। वह संबंधित कंपनी की प्रति शेयर वार्षिक आय के आँकड़ों को देखते हैं और फिर अपने निवेश (खरीद मूल्य) पर लाभ-दर का आकलन करते हैं। इस तरह, यदि कंपनी की आय प्रति शेयर 5 डॉलर है और वह प्रति शेयर 25 डॉलर पर बेची जा रही है तो वॉरेन यह समझते हैं कि इस भाव पर उनके निवेश की लाभ-दर 20 प्रतिशत (5/25=20 प्रतिशत) होगी। कंपनी 5 डॉलर की यह राशि लाभांश के रूप में शेयरधारक को भुगतान भी कर सकती है और व्यवसाय के रख-रखाव या विस्तार के लिए उसे अपने पास भी रख सकती है। इसी प्रकार, यदि 5 डॉलर आय देनेवाले शेयर को 50 डॉलर में खरीदा जाए तो वॉरेन तत्काल गणना करेंगे कि उन्हें अपने निवेश पर 12.5 प्रतिशत की लाभ-दर ही मिल सकेगी। अतः आप जिस मूल्य पर भुगतान करते हैं, वही आपके लाभ-दर को भी सुनिश्चित करता है। इसका अर्थ यह हुआ कि अपने निवेश पर कमाई की चाबी आपके पास ही है; बस, आपको इतनी समझदारी विकसित करनी है कि आप निवेश प्रस्तावों को किस मूल्य पर खरीदें?

यदि कंपनी की आय प्रति शेयर 5 डॉलर है और वह प्रति शेयर 25 डॉलर पर बेची जा रही है तो वॉरेन यह समझते हैं कि इस भाव पर उनके निवेश की लाभ-दर 20 प्रतिशत (5/25=20 प्रतिशत) होगी। कंपनी 5 डॉलर की यह राशि लाभांश के रूप में शेयरधारक को भुगतान भी कर सकती है और व्यवसाय के रख-रखाव या विस्तार के लिए उसे अपने पास भी रख सकती है।

ध्यान रहे कि यदि आप किसी शेयर को अधिक समय तक स्वामित्व में बनाए रखना चाहते हैं तो आपको यह आकलन भी करना होगा कि उस कंपनी की आय अर्जित करने की शक्ति कितनी है और भविष्य में उसकी आय का कितना अनुमान लगाया जा सकता है ? यदि आपने हाल की प्रति शेयर 5 डॉलर की आय के आधार पर किसी कंपनी का शेयर 25 डॉलर के भाव पर खरीदा है तो आप यही आकलन कर रहे होंगे कि वह निवेश प्रति वर्ष 20 प्रतिशत की लाभ-दर पर आय देगा। लेकिन अगले वर्ष कंपनी ने कोई आय नहीं हासिल की तो आपके निवेश की लाभ-दर शून्य हो जाएगी। इसलिए वॉरेन बफे निवेश करने से पहले संबंधित कंपनी के व्यावसायिक अर्थशास्त्र (बिजनेस इकोनॉमिक्स) का आकलन करने के साथ-साथ उसके प्रबंधन की अनुमानित आय अर्जित करने की क्षमता की जाँच भी करते हैं। इन तथ्यों की जाँच किए बिना आप अपने निवेश पर न तो भविष्य की लाभ-दर का अनुमान लगा सकते हैं और न ही उस कंपनी की निवेश योग्यता (इन्वेस्टमेंट मेरिट) का।

ध्यान रहे कि यदि आप किसी शेयर को अधिक समय तक स्वामित्व में बनाए रखना चाहते हैं तो आपको यह आकलन भी करना होगा कि उस कंपनी की आय अर्जित करने की शक्ति कितनी है और भविष्य में उसकी आय का कितना अनुमान लगाया जा सकता है ?

इस तरह, जब आप निवेश-प्रस्तावों का वॉरेन बफे के तरीके से विश्लेषण करेंगे तो आपको तीन परिवर्तनशील मूल तत्त्वों को संबोधित करना होगा—1. प्रति शेयर वार्षिक आय का आँकड़ा; 2. इसकी पूर्व-कथनीयता (प्रेडिक्टिबिलिटी), अर्थात् प्रति शेयर वार्षिक आय के अनुमान की सक्षमता, और 3. शेयर/प्रतिभूति का बाजार मूल्य।

अब, उदाहरण के साथ समझते हैं कि इन तत्त्वों का विश्लेषण कर वॉरेन बफे ने किस तरह आश्चर्यजनक कमाई की थी। सन् 1979 में वॉरेन ने 37 डॉलर औसत बाजार मूल्य पर 'जनरल फूड्स' नामक कंपनी के शेयर को खरीदना शुरू किया था, जिनकी संख्या लगभग 40 लाख हो गई थी। वॉरेन ने देखा था कि जनरल फूड्स ने एक वर्ष पहले सन् 1978 में 4.65 प्रतिशत प्रति शेयर की आय की थी और वह आय औसतन 8.7 प्रतिशत वार्षिक की दर से बढ़ रही थी। चूँकि 'जनरल फूड्स' की कमाई वार्षिक 8.7 प्रतिशत की दर से बढ़ रही है, अतः वॉरेन की तरह हम भी अनुमान लगा सकते हैं कि सन् 1978 की 4.65 प्रति शेयर की आय अगले साल 1979 में बढ़कर 5.05 डॉलर हो जाएगी और इस अनुमान के आधार पर हमने वॉरेन की तरह 37 डॉलर बाजार मूल्य पर 'जनरल फूड्स' का शेयर खरीदा है तो हमारा अनुमान यह होगा कि पहले वर्ष के अंत में इसकी लाभ-दर 13.6 प्रतिशत (5.05/37=13.6 प्रतिशत) हो जाएगी। (वैसे, वॉरेन के अनुमानों से भी अधिक 'जनरल फूड्स' की सन् 1979 की प्रति शेयर आय 5.12 डॉलर रही थी।)

उदाहरण के साथ समझते हैं कि इन तत्त्वों का विश्लेषण कर वॉरेन बफे ने किस तरह आश्चर्यजनक कमाई की थी। सन् 1979 में वॉरेन ने 37 डॉलर औसत बाजार मूल्य पर 'जनरल फूड्स' नामक कंपनी के शेयर को खरीदना शुरू किया था, जिनकी संख्या लगभग 40 लाख हो गई थी।

जी हाँ, उस समय 'यू.एस. ट्रेजरी बॉण्ड' (अमेरिकी सरकार के दीर्घकालीन ऋण प्रपत्र) की वार्षिक लाभ-दर लगभग 10 प्रतिशत थी। ऐसे में, 13.6 प्रतिशत की अनुमानित आय देनेवाला 'जनरल फूड्स'

का शेयर निवेश की दृष्टि से अच्छा प्रस्ताव था और वॉरेन ने 'जनरल फूड्स' की निवेश योग्यता को (इन्वेस्टमेंट मैरिट) इस आधार पर परखा था कि उसकी प्रति शेयर आय की वृद्धि डर 8.7 थी। इस तरह, वॉरेन सुनिश्चित थे कि वह अपने निवेश पर कम-से-कम 13.6 प्रतिशत की लाभ-दर अर्जित कर सकेंगे। स्पष्ट है कि यदि वॉरेन ने 37 डॉलर की बजाय 67 डॉलर में वही शेयर खरीदा होता तो वह अपने निवेश पर केवल 7.5 प्रतिशत लाभ-दर (5.05/67=7.5 प्रतिशत) ही प्राप्त कर पाते और यदि वॉरेन ने 37 डॉलर की बजाय 15 डॉलर पर वही शेयर खरीदा होता तो उसे अपने निवेश पर 33.6 प्रतिशत (5.5/15=33.6 प्रतिशत) लाभ-दर प्राप्त करने का अवसर मिलता।

यदि वॉरेन ने 37 डॉलर की बजाय 67 डॉलर में वही शेयर खरीदा होता तो वह अपने निवेश पर केवल 7.5 प्रतिशत लाभ-दर (5.05/67=7.5 प्रतिशत) ही प्राप्त कर पाते और यदि वॉरेन ने 37 डॉलर की बजाय 15 डॉलर पर वही शेयर खरीदा होता तो उसे अपने निवेश पर 33.6 प्रतिशत (5.5/15=33.6 प्रतिशत) लाभ-दर प्राप्त करने का अवसर मिलता।

अतः, निवेश के फैसले से पहले वॉरेन बफे के तरीके से विश्लेषण करें और इस मूल पाठ को ध्यान में रखें कि मूल्य ही सबकुछ सुनिश्चित करता है। ऐसे में ज्यों ही लक्षित कंपनी के शेयर की कीमत पता चले तो उसकी संभावित लाभ-दर का आकलन करें और उसकी तुलना अन्य निवेश विकल्पों की लाभ-दरों के साथ करें। यह तुलना करना कोई मुश्किल काम नहीं है, फिर आप भी वॉरेन बफे की तरह तेजी से निवेश के फैसले कर सकने में सक्षम हो सकते हैं। हाँ, फिर आप वॉरेन की ही तरह अपने दीर्घकालीन

निवेश चक्रवृद्धि लाभ-दर का भी आकलन करने लगेंगे।

याद रहे कि जब वॉरेन ने सन् 1979 में 13.6 प्रतिशत औसत वार्षिक लाभ-दर के अनुमान पर निवेश किया था तो उन्हें पक्का भरोसा था कि आनेवाले समय में शेयर बाजार 'जनरल फूड्स' के वित्तीय महत्त्व में बढ़त को पहचानेगा, जो समायोजित होकर उनके शेयर के बाजार मूल्य को ऊपर ले जाएगा। जी हाँ, यह तथ्य है कि वर्ष 1978 से 1984 के बीच 'जनरल फूड्स' की प्रति शेयर वार्षिक आय 4.65 प्रतिशत से बढ़कर लगभग 7 प्रतिशत हो गई थी। उसके शेयर का बाजार मूल्य लगातार ऊपर चढ़ता रहा था और सन् 1984 में 54 डॉलर के स्तर पर चला गया था। तब नवंबर 1985 में विश्व की सबसे बड़ी तंबाकू-सिगरेट की कंपनियों में से एक 'फिलिप मॉरिस कंपनी' (अब 'आल्ट्रिया ग्रुप' का हिस्सा) ने जनरल फूड्स को 5.60 अरब डॉलर मूल्य में अधिगृहीत किया था। यह उस समय का सबसे बड़ा अधिग्रहण (तेल उद्योग को छोड़कर) था और वॉरेन बफे को प्रति 'जनरल फूड्स' शेयर 120 डॉलर का मूल्य हासिल हुआ था, जिसे उसने सन् 1985 में केवल 37 डॉलर के बाजार मूल्य पर खरीदा था। इस तरह, वॉरेन को जनरल फूड्स में अपने निवेश पर प्रति शेयर लगभग 21 प्रतिशत वार्षिक चक्रवृद्धि आय अर्जित करने का सुअवसर मिला था।

□

2

सार्वजनिक पूँजी और निगमीकरण

अब हम जान चुके हैं कि पूँजी बाजार में वॉरेन बफे के व्यावसायिक दृष्टिकोण को अपनाने के लिए हमें निवेश प्रस्तावों के तीन परिवर्तनशील मूल तत्त्वों को संबोधित करना होगा—1. प्रति शेयर वार्षिक आय का आँकड़ा; 2. इसकी पूर्वकथनीयता (प्रेडिक्टिबिलिटी) और 3. शेयर/ प्रतिभूति का बाजार मूल्य। इस अध्ययन से यह भी स्पष्ट हो चुका है कि इस दिशा में आगे बढ़ने के लिए हमें पूँजी बाजार में सक्रिय कंपनियों के व्यवसायों की भी गहरी समझ होनी चाहिए, अन्यथा हम किसी निवेश प्रस्ताव की पूर्व-कथनीयता (प्रेडिक्टिबिलिटी) को भलीभाँति नहीं समझ सकेंगे और फिर हमारे लिए उसका खरीद मूल्य भी निर्धारित कर पाना संभव नहीं हो पाएगा; लेकिन इससे पहले हमें पूँजी बाजार के आधारभूत तथ्यों को ठीक प्रकार से समझना होगा।

मैं ऐसे बहुत से लोगों को जानता हूँ, जो न तो बॉण्ड (ऋण प्रतिभूति/ डेट सिक्योरिटी) के बारे में जानते हैं और न ही किसी कंपनी के सामान्य शेयर (कॉमन स्टॉक) द्वारा प्रतिनिधित्व किए जानेवाले स्वामित्व (ओनरशिप) को। ऐसे लोगों की संख्या भी बहुत अधिक है, जिन्होंने कई कंपनियों के शेयर खरीद रखे हैं, लेकिन उन्हें व्यावसायिक संगठनों के निगमित ढाँचे (कॉरपोरेट स्ट्रक्चर) के बारे में कुछ भी पता

नहीं है। वे बस, शेयर के बाजार मूल्य के उतार-चढ़ाव के आँकड़े पढ़कर या फिर दलालों के सुझावों पर भरोसा कर खरीद-बिक्री करते हैं। इसलिए व्यवसाय के निगमित ढाँचे और पूँजी बाजार के विकास के बारे में संक्षिप्त जानकारी प्राप्त करना बहुत जरूरी है। इससे हमें वॉरेन बफे के मूल वित्तीय दर्शन को समझ पाने में आसानी होगी और विवेकशील निवेशक के रूप में हमारा विकास संभव हो सकेगा।

पूँजी-निर्माण का आरंभिक विकास

वैसे तो लिखित इतिहास से बहुत पहले ही वाणिज्य (कॉमर्स) की शुरुआत हो चुकी थी, लेकिन पुरातात्त्विक अभिलेखों से पता चलता है कि प्रथम बेबीलोन राजवंश के छठे राजा हम्मुराबी के शासनकाल (ईसा पूर्व 1792 से 1750 तक) में संपत्ति को गिरवी (मॉर्गेज) रखकर ऋण दिए जाते थे। खजूर, खजूर से बनी शराब, आटा, तेल, जौ और कभी-कभी चाँदी को भी पूँजी (कैपिटल) एवं ब्याज के भुगतान के रूप में उपयोग किया जाता था। शुरुआती वाणिज्य में व्यक्ति विशेष तथा साझीदार के रूप में संगठित लोगों के समूह भी शामिल थे।

व्यवसाय के निगमित ढाँचे और पूँजी बाजार के विकास के बारे में संक्षिप्त जानकारी प्राप्त करना बहुत जरूरी है। इससे हमें वॉरेन बफे के मूल वित्तीय दर्शन को समझ पाने में आसानी होगी और विवेकशील निवेशक के रूप में हमारा विकास संभव हो सकेगा।

1500 से 300 ईसा पूर्व के बीच पूर्वी भूमध्य सागर क्षेत्र में (आधुनिक लेबनान, इजरायल, जॉर्डन, गाजा, सीरिया एवं तुर्की के दक्षिण-पश्चिम के समुद्र तट) के उर्वर अर्धचंद्र (आधे चाँद के आकार का उपजाऊ मैदानी क्षेत्र, जिसे 'सभ्यता का

उद्गम स्थल' कहा जाता है) में समुद्री व्यापार के माध्यम से सबसे पहली मानव सभ्यता 'फोनीशिया' या 'फीनीके' (खजूर के पेड़ के देश) विकसित हुई थी। प्राचीन यूनान व रोम निवासी उन फोनीशियाई लोगों को 'जामुनी रंग के व्यापारी' कहा करते थे, क्योंकि रँगरेजी में उपयोग होनेवाला म्यूरक्स घोंघे से बनाए जानेवाला जामुनी रंग केवल उन्हीं से मिला करता था। व्यावसायिक साझीदारी के शुरुआती उदाहरण फोनीशियाई व यूनानी लोगों के बीच मिलते हैं। जो व्यापारी अपने शहर या देश से बाहर व्यापार में शामिल थे, वे व्यापारी समूह के रूप में एकत्र होते थे और फिर कप्तान की नियुक्ति कर किराए के जहाज पर अपनी वस्तुओं को दूसरे समुदायों/देशों में व्यापार के लिए ले जाते थे। वे तेल, अंजीर, शहद, ऊन, संगमरमर आदि वस्तुओं का व्यापार करते थे।

प्राचीन यूनान व रोम निवासी उन फोनीशियाई लोगों को 'जामुनी रंग के व्यापारी' कहा करते थे, क्योंकि रँगरेजी में उपयोग होनेवाला म्यूरक्स घोंघे से बनाए जानेवाला जामुनी रंग केवल उन्हीं से मिला करता था।

विश्व इतिहास में सबसे कुशल व यशस्वी सेनापति माने जानेवाले मेसिडोनिया के प्राचीन यूनानी साम्राज्य के राजा सिकंदर (एलेक्जेंडर तृतीय/ एलेक्जेंडर मेसिडोनियन) के विश्व-विजय अभियान से यूनानियों को अनेक बड़े व्यापारिक अवसर मिले थे। चूँकि अपनी मृत्यु तक सिकंदर उन सभी भूमियों को जीत चुका था, जिसकी जानकारी प्राचीन ग्रीक लोगों को थी, इसलिए उसे 'विश्व-विजेता सिकंदर महान्' भी कहा जाता है। उसने पश्चिम में बाल्कन की खाड़ी और पूर्वी यूरोप से लेकर पूर्व में सिंधु घाटी तक फैले तत्कालीन फारसी साम्राज्य के राज्यों—ईरान, सीरिया, मिस्र, मेसोपोटामिया,

फिनीशिया, जुदेआ, गाझा व बैक्ट्रिया पर विजय हासिल करने बाद भारत में पंजाब तक कब्जा जमा लिया था। यूनानी व्यापारियों को विशेष रूप से भारतीय व्यापारियों के साथ मिलकर भारी लाभ कमाने का अवसर मिला था, क्योंकि भारत में बहुत लंबे समय से अधिक विकसित वस्त्र उद्योग था। भारतीय सिल्क एवं सूती वस्त्र यूनान के धनी व संभ्रांत समुदाय के भूषाचार (फैशन) का हिस्सा बन गया था।

निगम अवधारणा (कॉरपोरेशन कॉन्सेप्ट) का सबसे आरंभिक ढाँचा 14वीं सदी के वेनिस (तत्कालीन वेनिस गणराज्य की राजधानी और अब उत्तर-पूर्वी इटली में वेनेटो क्षेत्र की राजधानी) में मिलता है। भूमध्य सागर की उत्तरी भुजा एड्रियाटिक सागर पर स्थित वेनिस 117 छोटे द्वीपों का एक समूह है, जो नहरों से अलग होते हैं।

जिन यूनानी व्यापारियों के लिए अपना कारवाँ नियुक्त करने के लिए पर्याप्त पूँजी नहीं थी, वे व्यापारी साझीदारों का समूह संगठित कर अपने संसाधनों को एकत्रित करते थे और फिर भारत से व्यापार करते थे; लेकिन ये शुरुआती व्यावसायिक संगठन साझेदारी (पार्टनरशिप) या संयुक्त उद्यम (जॉइंट वेंचर) प्रकृति के थे और उनका आकार सीमित था। इस प्रकार की साझेदारी एक व्यापारिक यात्रा भर के लिए होती थी।

निगम अवधारणा (कॉरपोरेशन कॉन्सेप्ट) का सबसे आरंभिक ढाँचा 14वीं सदी के वेनिस (तत्कालीन वेनिस गणराज्य की राजधानी और अब उत्तर-पूर्वी इटली में वेनेटो क्षेत्र की राजधानी) में मिलता है। भूमध्य सागर की उत्तरी भुजा एड्रियाटिक सागर पर स्थित वेनिस 117 छोटे द्वीपों का एक समूह है, जो नहरों से अलग होते हैं। वेनिस हमेशा से तत्कालीन बाइजेंटाइन साम्राज्य (पूर्वी रोमन साम्राज्य) और मध्य-पूर्व की इसलामी

दुनिया के साथ बड़े पैमाने पर कारोबार किया करता था। 13वीं शताब्दी के अंत तक वेनिस समूचे यूरोप का सबसे समृद्ध शहर बन चुका था। अपनी शक्ति व समृद्धि के शिखर पर वेनिस में 36,000 नाविक 3,300 जहाजों का संचालन करते थे और वे भूमध्य सागरीय वाणिज्य पर हावी थे। भव्य महलों के निर्माण और सबसे महान् तथा सबसे प्रतिभाशाली कलाकारों का समर्थन करने के लिए वेनिस के अग्रणी व्यापारिक व साहूकार घरानों के बीच होड़-सी लगी रहती थी। उनकी भव्यता आज भी नहरों के किनारे निर्मित महलों की शृंखला में देखी जा सकती है।

वेनिस को बहीखाता (बुककीपिंग) व साहूकारी (बैंकिंग) के प्रारंभिक विकास के लिए भी जाना जाता था। इसने न केवल वेनिस की व्यापारिक महत्ता को बढ़ाया था, बल्कि वहाँ के व्यापारियों की वित्तीय सत्ता (फाइनेंशियल पॉवर) को नया आयाम भी प्रदान किया था।

वेनिस को बहीखाता (बुककीपिंग) व साहूकारी (बैंकिंग) के प्रारंभिक विकास के लिए भी जाना जाता था। इसने न केवल वेनिस की व्यापारिक महत्ता को बढ़ाया था, बल्कि वहाँ के व्यापारियों की वित्तीय सत्ता (फाइनेंशियल पॉवर) को नया आयाम भी प्रदान किया था। यूरोप के दूसरे हिस्सों के धनी व्यापारी अपने पुत्रों को वाणिज्य की कला सीखने के लिए वेनिस भेजा करते थे। तथ्य यह भी है कि इसी कालखंड में इतालवी गणितज्ञ लुका पसिओली भी वेनिस में ही निवास करता था, जिसने 'दोहरी प्रविष्टि लेखा प्रणाली' (डबल इंट्री एकाउंटिंग सिस्टम) का आविष्कार किया था। उस समय में वेनिस में जो निगमित ढाँचा विकसित हुआ था, उसे 'संयुक्त हिस्सेदारी (जॉइंट स्टॉक) कंपनी' कहा जा सकता है। वे कंपनियाँ पहले के साझा व संयुक्त उद्यमों की तुलना

में न केवल काफी संख्या में छोटे व्यापारियों को संगठित करती थीं, बल्कि उद्यमों के वित्त-पोषण के लिए उनका पूँजी आधार भी स्थायी होता था। अपने आकार एवं वित्तीय सत्ता के कारण वे कंपनियाँ अधिक बड़े व्यापारिक अवसरों का लाभ उठाती थीं और उनकी अधिक बड़ी व्यापारिक सफलताएँ उन्हें अधिक सुरक्षित राजनीतिक व वित्तीय स्थिति भी प्रदान करती थीं।

चूँकि पुरानी बड़ी कंपनियों को अपना वर्चस्व बनाए रखने के लिए ईसाई धार्मिक संगठनों व राजाओं के साथ लगातार संघर्ष करना पड़ा था, इसलिए संयुक्त हिस्सेदारी (जॉइंट स्टॉक) कंपनी के स्वरूप में भी काफी उलट-फेर होता रहा था। ईसाई संगठनों व राजाओं को अपनी वित्तीय उन्नति के लिए व्यापारियों की आवश्यकता थी तो व्यापारियों को अपनी वस्तुओं को चोरों से तथा बाजारों को प्रतिस्पर्धियों से सुरक्षित रखने की। ईसाई संगठनों के पास ईश्वर की शक्ति थी तो राजाओं के पास सेनाओं की। ऐसे में, अपनी सफलता सुनिश्चित करने के लिए व्यापारिक संगठनों को इन दोनों शक्तियों को मित्र दल के रूप अपने पक्ष में रखना पड़ता था। यदि आप इसका आधुनिक समांतर चाहते हैं तो कुवैत गणराज्य को उदाहरण के रूप में लिया जा सकता है। यदि अमेरिकी सत्ता ने सही समय पर हस्तक्षेप नहीं किया होता और इराक को पीछे न धकेला होता तो कुवैत के विशाल तेल साम्राज्य पर तो इराक का कब्जा हो ही गया था, लेकिन अमेरिका ने कुवैत की सहायता क्यों की थी? इसलिए कि अमेरिका को तेल की आवश्यकता थी और

ईसाई संगठनों के पास ईश्वर की शक्ति थी तो राजाओं के पास सेनाओं की। ऐसे में, अपनी सफलता सुनिश्चित करने के लिए व्यापारिक संगठनों को इन दोनों शक्तियों को मित्र दल के रूप अपने पक्ष में रखना पड़ता था।

'बेचटेल' जैसी अमेरिकी कंपनियाँ ही अरबों डॉलर की लागत से कुवैत में तेल-खनन एवं शोधन का आधारभूत ढाँचा विकसित कर रही थीं। जी हाँ, इन अमेरिकी व्यापारिक संगठनों ने अपने व्यापार को बचाने के लिए अपनी राज्य सत्ता को सैन्य कारवाई के लिए ठीक उसी प्रकार से अपने पक्ष में कर लिया था, जैसे कि पुराने समय में व्यापारी समुदाय समुद्री लुटेरों व चोरों से सुरक्षा के लिए अपने राजाओं पर दबाव बनाया करते थे।

अमेरिकी व्यापारिक संगठनों ने अपने व्यापार को बचाने के लिए अपनी राज्य सत्ता को सैन्य कारवाई के लिए ठीक उसी प्रकार से अपने पक्ष में कर लिया था, जैसे कि पुराने समय में व्यापारी समुदाय समुद्री लुटेरों व चोरों से सुरक्षा के लिए अपने राजाओं पर दबाव बनाया करते थे।

वास्तव में, जैसे-जैसे व्यापारिक संगठनों के निगमित स्वरूप लगातार बड़े व अधिक शक्तिशाली होते चले गए थे, उन्होंने गणराज्यों की सत्ताओं को हड़पना भी शुरू कर दिया था। राजाओं को बहुत जल्द ही यह समझ में आने लगा था कि संगठित पूँजी (ऑर्गेनाइज्ड कैपिटल) की शक्ति को सीमित करना ही उनके अपने हितों को सुरक्षित करने का सबसे कारगर तरीका हो सकता था। जी हाँ, उसके बाद ही राजाओं ने अपने गणराज्य की व्यापारिक गतिविधियों को नियंत्रित करने के लिए ऐसे कानूनों की रचना शुरू की थी, जो राज्य-सत्ता के अनुमोदन के बिना संयुक्त साझेदारी कंपनियों के गठन की अनुमति नहीं देती थी। राज्य-सत्ता अनुमोदित संयुक्त हिस्सेदारी (जॉइंट स्टॉक) कंपनियों का शुरुआती उदाहरण हैं—'ईस्ट इंडिया कंपनी' (ई.आई.सी.) व 'हडसंस बे कंपनी' (एच.बी.सी.) और इन दोनों ही कंपनियों के इतिहास बहुत ही रंगीन व मनमोहक हैं।

31 दिसंबर, 1600 को ईस्ट इंडिया कंपनी को इंग्लैंड व आयरलैंड की महारानी एलिजाबेथ-I से राजकीय अध्यादेश (रॉयल चार्टर) प्राप्त हुआ था। धनाढ्य व्यापारियों व अभिजात वर्ग के व्यक्तियों ने कंपनी की हिस्सेदारियों (शेयर) का स्वामित्व धारण किया था। उसमें सरकार ने कोई स्वामित्व हिस्सेदारी नहीं ली थी, लेकिन राजकीय कानूनों के माध्यम से उसकी गतिविधियों पर संपूर्ण परोक्ष नियंत्रण उसी का था। हालाँकि ईस्ट इंडिया कंपनी के गठन का मूल उद्देश्य ईस्ट इंडीज (सिंधु घाटी सभ्यता, अर्थात् भारतीय सांस्कृतिक प्रभाववाले दक्षिण व दक्षिण-पूर्व एशिया) के समूचे भू-भागों में व्यापार करना था; लेकिन उसकी व्यापार सीमा भारतीय उपमहाद्वीप व किंग राजवंश-शासित चीन के साथ सिमट गई थी। कंपनी ने विशेष रूप से कपास, रेशम, नील (इंडिगो डाई), नमक, शोरा, चाय व अफीम सहित बुनियादी वस्तुओं के विश्व व्यापार के आधे हिस्से को अपने कब्जे में ले लिया था। कंपनी ने अपनी निजी सेनाओं के माध्यम से प्लासी का युद्ध जीतने के बाद सन् 1757 में भारत में अपना प्रभावी शासन स्थापित कर लिया था; लेकिन सन् 1857 के भारतीय स्वतंत्रता संग्राम के बाद सत्ता का प्रत्यक्ष नियंत्रण ब्रिटिश साम्राज्य ने अपने हाथों में ले लिया था और 1874 में कंपनी को भंग कर दिया गया था।

> ***ईस्ट इंडिया कंपनी के गठन का मूल उद्देश्य ईस्ट इंडीज (सिंधु घाटी सभ्यता, अर्थात् भारतीय सांस्कृतिक प्रभाववाले दक्षिण व दक्षिण-पूर्व एशिया) के समूचे भू-भागों में व्यापार करना था; लेकिन उसकी व्यापार सीमा भारतीय उपमहाद्वीप व किंग राजवंश-शासित चीन के साथ सिमट गई थी।***

इसी प्रकार 2 मई, 1870 को इंग्लैंड, स्कॉटलैंड व आयरलैंड के राजा

चार्ल्स-II के राजकीय अध्यादेश (रॉयल चार्टर) से 'हडसंस बे कंपनी' (एच.बी.सी.) की स्थापना हुई थी। पूर्वोत्तर कनाडा में 12.30 लाख वर्ग किलोमीटर के सतही क्षेत्र के साथ खारे पानी के विशाल जल-क्षेत्र (खाड़ी) को 'हडसन्स बे' कहा जाता है। यह बंगाल की खाड़ी के बाद विश्व की सबसे बड़ी खाड़ी है, लेकिन इसकी गहराई मात्र 100 मीटर है। बंगाल की खाड़ी (2,600 मीटर), बहुत ही कम है। सर हेनरी हडसन ने अपने जहाज 'डिस्कवरी' में 2 अगस्त, 1610 को यात्रा की शुरुआत कर इस खाड़ी का पता लगाया था, जिसे बाद में ब्रिटिश खोजकर्ताओं व उपनिवेशकों ने 'हडसन बे' नाम दे दिया था। यह 38,61,400 वर्ग किलोमीटर के बहुत बड़े बहाव क्षेत्र से गुजरती है, जिसमें वर्तमान कनाडा के ओंटारियो, क्यूबेक, सस्केचेवान और अलबर्टा के हिस्से, मैनिटोबा व दक्षिण-पूर्वी नुनावुत के अधिकांश हिस्से तथा संयुक्त राज्य अमेरिका के उत्तरी डकोटा, दक्षिण डकोटा, मिनेसोटा व मोंटाना के कुछ हिस्से भी शामिल हैं। वर्ष 1670 से 1870 के बीच के लगभग 200 वर्षों तक 'हडसन बे' का यह समूचा घाटी क्षेत्र एच.बी.सी. के स्वामित्व में था और यह उस समय में विश्व की सबसे बड़ी जमींदार कंपनी थी। इस घाटी क्षेत्र को 'रूपर्ट लैंड' कहा जाता था, जिसे इंग्लैंड के राजा चार्ल्स-I के भतीजे, चार्ल्स-II के पहले चचेरे भाई और हडसन बे कंपनी के पहले गवर्नर राइन के राजकुमार रूपर्ट के नाम से नामित किया गया था। दिसंबर 1821 में एच.बी.सी. का

बंगाल की खाड़ी (2,600 मीटर), बहुत ही कम है। सर हेनरी हडसन ने अपने जहाज 'डिस्कवरी' में 2 अगस्त, 1610 को यात्रा की शुरुआत कर इस खाड़ी का पता लगाया था, जिसे बाद में ब्रिटिश खोजकर्ताओं व उपनिवेशकों ने 'हडसन बे' नाम दे दिया था।

एकाधिकार रूपर्टलैंड से लेकर प्रशांत तट तक फैल गया था।

सन् 1684 में 'हडसंस बे कंपनी' (एच.बी.सी.) ने रोआँ (फर) के व्यापार के लिए पूर्वोत्तर मनिटोबा (कनाडा) में हडसन बे के दक्षिण-पश्चिमी तट पर तथा हेस नदी के मुहाने पर 'यॉर्क फैक्टरी' नामक विशाल व्यापार केंद्र की स्थापना की थी। यह लंबे समय तक एच.बी.सी. का मुख्यालय भी था, जहाँ से वह पहले अंग्रेज व बड़े ब्रिटिश-शासित उत्तरी अमेरिका के बहुत बड़े क्षेत्र में अपने रोआँ व्यापार को नियंत्रित करती रही थी। 19वीं शताब्दी के मध्य तक, एच.बी.सी. संपूर्ण वाणिज्यिक कंपनी के रूप में विकसित हो गई थी। वह रोआँ से लेकर हर प्रकार की घरेलू वस्तुओं का व्यापार करने लगी थी और बाद में खुदरा भंडार श्रृंखला बन गई थी। जुलाई 2008 में अमेरिकी 'विलासिता विभागीय भंडार श्रृंखला' (लक्जरी डिपार्टमेंट स्टोर चेन) 'लॉर्ड एंड टेलर' की स्वामी कंपनी एन.आर.डी.सी. इक्विटी पार्टनर्स द्वारा एच.बी.सी. का अधिगृहण कर लिया था। जुलाई 2013 में इसे साक्स इंक (न्यूयॉर्क सिटी) ने अधिगृहित कर लिया था, जो एच.बी.सी. की मुख्य ध्वजवाहक भंडार (फ्लैगशिप स्टोर)—'साक्स फिफ्थ एवेन्यू' (फिफ्थ एवेन्यू, मिडटाउन मैनहट्टन, न्यूयॉर्क सिटी) का संचालन करती रही है।

सन् 1684 में 'हडसंस बे कंपनी' (एच.बी.सी.) ने रोआँ (फर) के व्यापार के लिए पूर्वोत्तर मनिटोबा (कनाडा) में हडसन बे के दक्षिण-पश्चिमी तट पर तथा हेस नदी के मुहाने पर 'यॉर्क फैक्टरी' नामक विशाल व्यापार केंद्र की स्थापना की थी।

जनता की वित्तीय शक्ति एवं पूँजी बाजार

साहूकारी (बैंकिंग) व संयुक्त हिस्सेदारी कंपनियों के विकास से

पहले लंबे समय तक व्यक्तिगत बचत का संचय तो होता था, लेकिन उसका समाज के लिए कोई उपयोग नहीं हो पाता था। दिहाड़ी मजदूर, मोची, नाई, कसाई आदि जिन छोटी पूँजियों की बचत किया करते थे, वे उन्हें छुपाकर रख दिया करते थे और किसी को भी बचत का कोई लाभ नहीं मिल पाता था। इसमें बहुत हद तक मध्ययुगीन धार्मिक सिद्धांत का भी हाथ था, जिसने ऋण पर ब्याज की वसूली को अनुचित बना दिया था, लेकिन जब व्यापारियों, रोमन कैथोलिक चर्च के प्रमुख पादरी (पोप) और राजाओं ने ऋण चाहत दिखानी शुरू की, तब धीरे-धीरे पुरानी धार्मिक मान्यताओं का असर खत्म होने लगा। इस तरह शासक वर्ग ने ऋणदाताओं को ब्याज लेने की अनुमति प्रदान कर धन की उधारी को प्रोत्साहित करना शुरू किया था।

> *जब व्यापारियों, रोमन कैथोलिक चर्च के प्रमुख पादरी (पोप) और राजाओं ने ऋण चाहत दिखानी शुरू की, तब धीरे-धीरे पुरानी धार्मिक मान्यताओं का असर खत्म होने लगा। इस तरह शासक वर्ग ने ऋणदाताओं को ब्याज लेने की अनुमति प्रदान कर धन की उधारी को प्रोत्साहित करना शुरू किया था।*

लेकिन जन-साधारण द्वारा धन की उधारी देना और साहूकारों (मनी लेंडर/बैंकर) के उधार के व्यवसाय में बहुत बड़ा अंतर है। जन-साधारण को पता नहीं होता है कि वह अपने अतिरिक्त धन का क्या करे, जबकि साहूकार धन को उधार पर देने का पेशा करते हैं। इस तरह, साहूकार आम जनता (जो अपने बचत धन के सदुपयोग के प्रति अनजान या अनिच्छुक होती है) एवं व्यापारियों/उद्यमियों (जो लाभकारी व्यापारिक गतिविधियों को चलाने में सक्षम या इच्छुक होते हैं, लेकिन उनके पास अपेक्षित पूँजी नहीं होती है) के बीच की कड़ी

की भूमिका अदा करते हैं। स्पष्ट है कि साहूकार (मनी लेंडर/बैंकर) ही उधारी/ऋण के व्यवसाय के विशेषज्ञ होते हैं, जिनके पास जन-साधारण एवं व्यापारियों/उद्यमियों की तुलना में अतिरिक्त बचत पूँजी को जमा करने तथा उसका सबसे अधिक लाभकारी उपयोग करने का अधिक ज्ञान व कुशलता होती है। साहूकार जन-साधारण जमाकर्ता को ब्याज का भुगतान करता है और फिर उसे सक्षम व्यापारियों व उद्यमियों को ऋण देकर अधिक ब्याज का भुगतान प्राप्त करता है। सुनने में यह भले ही बहुत आसान लगता हो, लेकिन साहूकार अपने पेशे से धन बनाने में अपना पूरा जीवन लगा देते हैं। इस तरह, साहूकार जन-साधारण की अपार वित्तीय शक्ति का विशेषज्ञतापूर्ण उपयोग कर लाभ अर्जित करते हैं।

साहूकार जन-साधारण जमाकर्ता को ब्याज का भुगतान करता है और फिर उसे सक्षम व्यापारियों व उद्यमियों को ऋण देकर अधिक ब्याज का भुगतान प्राप्त करता है। सुनने में यह भले ही बहुत आसान लगता हो, लेकिन साहूकार अपने पेशे से धन बनाने में अपना पूरा जीवन लगा देते हैं। इस तरह, साहूकार जन-साधारण की अपार वित्तीय शक्ति का विशेषज्ञतापूर्ण उपयोग कर लाभ अर्जित करते हैं।

अधिकांश व्यक्ति-विशेष के जीवन में निवेश के खेल में कदम बढ़ाने का पहला अवसर तब मिलता है, जब वह साहूकारी कंपनी (बैंक) में अपना बचत खाता खुलवाता है और उसमें अपने वेतन का चेक जमा करता है। किसी एक व्यक्ति के वेतन का चेक भले ही बहुत बड़ी राशि नहीं दिखती हो, लेकिन यदि उसे 10 हजार, 25 हजार या 50 हजार जमाकर्ताओं से गुणा करें तो? जी हाँ, बैंकों के जमाकर्ताओं की राशियाँ लगातार बढ़ती जाती हैं।

वास्तव में, बैंक जमाकर्ता व्यक्ति विशेषों का बहुत बड़ा समूह होता है, जिन्होंने उसे अपना धन उधार दे रखा है। निश्चित रूप से बैंक उन्हें उनकी जमा राशि पर एक निश्चित दर की ब्याज का भुगतान करता है; लेकिन जमाकर्ताओं को दी जानेवाली ब्याज की वह राशि बैंक द्वारा जमाकर्ताओं की राशियों को आगे उधार पर लगाकर कमाई गई ब्याज की राशि का एक हिस्सा भर ही होती है। स्पष्ट है कि बैंक अपनी विशेषज्ञता के बदले में कमाई का बड़ा हिस्सा अपने पास ही रखता है।

> ***जमाकर्ताओं को दी जानेवाली ब्याज की वह राशि बैंक द्वारा जमाकर्ताओं की राशियों को आगे उधार पर लगाकर कमाई गई ब्याज की राशि का एक हिस्सा भर ही होती है। स्पष्ट है कि बैंक अपनी विशेषज्ञता के बदले में कमाई का बड़ा हिस्सा अपने पास ही रखता है।***

लेकिन बैंक से उधार लेकर व्यवसाय-उद्योग चलाना आसान नहीं होता है। जब बैंक किसी को धन उधार देता है तो उधारकर्ता कर्जदार हो जाता है। व्यवसायी-उद्यमी कर्ज/ऋण से घृणा करते हैं, क्योंकि उन्हें हर हाल में बैंक को ब्याज का भुगतान करना पड़ता है, चाहे उनका धंधा मंदी की चपेट में हो या फिर वह किसी विशेष प्रकार की समस्या में घिर गया हो। यदि उधारकर्ता ऋण का भुगतान करने में असफल होते हैं तो बैंक उनके व्यवसाय या उद्यम को बंद कर सकते हैं और उनके द्वारा गिरवी रखी गई संपत्ति को नीलाम भी कर सकते हैं। इसलिए बहुत से व्यापारी-उद्यमी अपने परिचालन के वित्त-पोषण (फाइनेंस) के लिए बैंक से ऋण लेने की तुलना में जन-साधारण को अपने कारोबार की आंशिक स्वामित्व-हिस्सेदारी बेचना अपेक्षाकृत अधिक पसंद करते हैं। आंशिक स्वामित्व हिस्सेदारी को 'स्वामी का औचित्य' (ओनर्स इक्विटी) या

'पूँजी की हिस्सेदारी' (शेयर ऑफ स्टॉक) कहा जाता है। आम बोलचाल में इसे 'इक्विटी' या 'स्टॉक' या 'शेयर' भी कहा जाता है।

पुराने समय में पूँजी की हिस्सेदारी (इक्विटी/स्टॉक/शेयर) की खरीद-बिक्री या लेन-देन के लिए स्थानीय प्राधिकारियों (लोकल अथोरिटी) द्वारा एक विशेष स्थान निश्चित किया जाता था, जिसे 'बाजार' (मार्केट) कहा जाता था। इसका कारण यह था कि शेयर के लेन-देन का सार्वजनिक अभिलेख (पब्लिक रिकॉर्ड) तैयार किया जा सके; लेकिन इसका मूल उद्‌देश्य यह था कि सरकार शेयर का कारोबार करनेवाले व्यापारियों से प्रभावी रूप से कर की वसूली कर सके। इन बाजारों के आयोजन के दिन, समय व स्थान इसलिए भी निश्चित किए जाते थे, ताकि इस सीमा से बाहर कारोबार करनेवाले पकड़े जा सकें और उनके माल जब्त किए जा सकें।

शेयर के लेन-देन का सार्वजनिक अभिलेख (पब्लिक रिकॉर्ड) तैयार किया जा सके; लेकिन इसका मूल उद्‌देश्य यह था कि सरकार शेयर का कारोबार करनेवाले व्यापारियों से प्रभावी रूप से कर की वसूली कर सके। इन बाजारों के आयोजन के दिन, समय व स्थान इसलिए भी निश्चित किए जाते थे, ताकि इस सीमा से बाहर कारोबार करनेवाले पकड़े जा सकें और उनके माल जब्त किए जा सकें।

वैसे तो शेयर बाजार (स्टॉक एक्सचेंज) की जड़ें बेल्जियम के प्रमुख व्यावसायिक केंद्र व बंदरगाह शहर एंटवर्प (1531) में मिलती हैं, लेकिन एम्सटर्डम स्टॉक एक्सचेंज को विश्व का सबसे पुराना शेयर बाजार माना जाता है, जिसकी स्थापना डच ईस्ट इंडिया कंपनी द्वारा सन् 1602 में की गई थी।

वास्तव में, वर्ष 1600 में इंग्लैंड, नीदरलैंड्स व फ्रांस की सरकारों ने ईस्ट इंडीज (दक्षिण व दक्षिण-पूर्व एशिया) क्षेत्र के लिए एकाधिकारवादी कंपनियों को राजकीय अध्यादेश जारी किया था। साम्राज्यवाद के उच्च शिखर पर ऐसा लगता है कि ईस्ट इंडीज में रहनेवाले लोगों को छोड़कर हर कोई वहाँ पर अपने हिस्से का लाभ कमाना चाहता था; लेकिन समुद्री मार्ग से व्यापार काफी जोखिम भरा था। समुद्री लुटेरों के अलावा मौसम व खराब नौ-परिवहन के अधिक आम जोखिम भी थे। ऐसे में, दुर्भाग्य के शिकार हो जाने के जोखिम को कम करने लिए जहाज के मालिक लंबे समय से समुद्री यात्राओं के खर्च को उठाने के लिए निवेशकों को आमंत्रित करते थे। जब यात्रा सफल रहती थी तो निवेशकों को उनकी पूँजी हिस्सेदारी के अनुपात में लाभ का हिस्सा दे दिया जाता था; लेकिन ऐसी सीमित दायित्व (लिमिटेड लायबिलिटी) कंपनियाँ एक यात्रा के बाद ही भंग कर दी जाती थीं और अगली यात्रा के लिए नई कंपनी का गठन किया जाता था। वैसे तो निवेशक एक साथ कई कंपनियों में निवेश कर अपने जोखिम को बाँटने की कोशिश करते थे। ऐसे में, वे सभी जहाजों के आपदा के शिकार बन जाने का भी जोखिम उठाते थे, लेकिन ईस्ट इंडिया कंपनियों के गठन के पूँजी व्यवसाय का तरीका बदल गया था। ये कंपनियाँ अपने निवेशकर्ताओं को शेयर जारी करती थीं और अपनी सभी यात्राओं पर उन्हें लाभांश का भुगतान करती थीं।

समुद्री लुटेरों के अलावा मौसम व खराब नौ-परिवहन के अधिक आम जोखिम भी थे। ऐसे में, दुर्भाग्य के शिकार हो जाने के जोखिम को कम करने लिए जहाज के मालिक लंबे समय से समुद्री यात्राओं के खर्च को उठाने के लिए निवेशकों को आमंत्रित करते थे।

ये आधुनिक पहली संयुक्त हिस्सेदारी कंपनियाँ थीं, जिन्हें अपने शेयरों के माध्यम से बड़ी ब्याज-मुक्त पूँजी इकट्ठा करने और अपने आधार को बड़ा बनाने का मौका मिला था। ये सभी राजकीय अध्यादेशों से गठित एकाधिकारपूर्ण कंपनियाँ थीं, इसलिए इनके बीच कोई प्रतिस्पर्धा नहीं थी और निवेशकों को भी भारी लाभ कमाने के अवसर मिले थे। चूँकि विभिन्न ईस्ट इंडिया कंपनियों के शेयर कागज पर जारी किए जाते थे, इसलिए वे अपने शेयर दूसरे निवेशकर्ताओं को भी बेच सकते थे; लेकिन तब कोई शेयर बाजार अस्तित्व में नहीं था, इसलिए निवेशकों को लेन-देन एवं सौदों के लिए दलालों की सेवाएँ लेनी पड़ती थीं। इंग्लैंड में अधिकांश निवेशक व दलाल अपना कारोबार लंदन के आसपास विभिन्न कॉफी की दुकानों में करते थे। बिक्री योग्य बॉण्ड व शेयर के भाव लिखकर दुकानों के दरवाजों पर टाँगे जाते थे और फिर उनके प्रपत्र बाँटे जाते थे।

ये आधुनिक पहली संयुक्त हिस्सेदारी कंपनियाँ थीं, जिन्हें अपने शेयरों के माध्यम से बड़ी ब्याज-मुक्त पूँजी इकट्ठा करने और अपने आधार को बड़ा बनाने का मौका मिला था। ये सभी राजकीय अध्यादेशों से गठित एकाधिकारपूर्ण कंपनियाँ थीं, इसलिए इनके बीच कोई प्रतिस्पर्धा नहीं थी और निवेशकों को भी भारी लाभ कमाने के अवसर मिले थे।

चूँकि ब्रिटिश ईस्ट इंडिया कंपनी को ऐतिहासिक सफलता मिली थी, इसलिए जब निवेशकर्ताओं को भारी लाभांश मिले थे तो भारी संख्या में नए निवेशक उसके शेयर खरीदने के लिए सामने आए थे। इंग्लैंड में यह उछाल इतनी तेजी से आया था कि शेयर जारी करने के कोई नियम व अधिनियम (रूल्स एंड रेगुलेशन) नहीं बनाए जा सके थे। ऐसे में

सन् 1711 में, जब राजकीय अध्यादेश से 'साउथ सीज कंपनी' (एस.एस.सी.) का गठन हुआ था तो उसके प्राथमिक शेयर हाथोहाथ बिक गए थे और जल्द ही कंपनी ने अपने शेयरों के कई पुनर्निर्गम (री-इश्यू) भी सूचीबद्ध कर दिए थे; लेकिन कारोबार शुरू करने से पहले ही एस.एस.सी. ने निवेशकों के भारी धन से लंदन के महँगे इलाकों में कई शानदार कार्यालय खोल लिये थे। ऐसी स्थिति में, कई अन्य व्यापारियों ने भी आकर्षक योजनाओं के साथ निवेशकों को अपने शेयर प्रस्ताव बेचने शुरू कर दिए थे; लेकिन जब एस.एस.सी. निवेशकों को लाभांश दे पाने में असफल रही थी, तब अनियमित शेयर बाजार का भंडाफोड़ हुआ था। फिर सन् 1773 में 'लंदन स्टॉक एक्सचेंज' (एल.एस.ई.) की स्थापना हुई थी और उसके 19 वर्षों बाद, 1792 में 'न्यूयॉर्क स्टॉक एक्सचेंज' (एन.वाई.एस.ई.)। फिर विश्व भर से स्टॉक एक्सचेंज स्थापित हुए थे और सन् 1875 में भारत में 'बंबई स्टॉक एक्सचेंज' (बी.एस.ई.) अस्तित्व में आया था। इस बीच, अमेरिकी अर्थव्यवस्था में उछाल के साथ एन.वाई.एस.ई. (वॉल स्ट्रीट, न्यूयॉर्क) विश्व के सबसे बड़े शेयर बाजार के रूप में उभरकर सामने आ गया था।

ऐसी स्थिति में, कई अन्य व्यापारियों ने भी आकर्षक योजनाओं के साथ निवेशकों को अपने शेयर प्रस्ताव बेचने शुरू कर दिए थे; लेकिन जब एस.एस.सी. निवेशकों को लाभांश दे पाने में असफल रही थी, तब अनियमित शेयर बाजार का भंडाफोड़ हुआ था। फिर सन् 1773 में 'लंदन स्टॉक एक्सचेंज' (एल.एस.ई.) की स्थापना हुई थी और उसके 19 वर्षों बाद, 1792 में 'न्यूयॉर्क स्टॉक एक्सचेंज' (एन.वाई.एस.ई.)।

तो दुनिया भर के शेयर बाजारों में क्या होता है? यहाँ कोई ऐसा बैंक नहीं होता है, जो जन-साधारण से अपना धन जमा करने के लिए नहीं कहता है, ताकि वह कारोबारियों को ऋण दे सके; लेकिन यहाँ विशेष प्रकार के बैंक होते हैं, जिसे 'निवेश साहूकार' (इन्वेस्टमेंट बैंक) कहते हैं, जो धनी व्यक्ति विशेषों व संस्थागत निवेशकों से अपने कारोबार में निवेश आमंत्रित करनेवाले व्यावसायिक संगठनों के लिए मध्यस्थ (मिडिलमैन) का काम करते हैं। विश्व के सबसे बड़े 20 साहूकार बैंक ये हैं—1. जे.पी. मॉर्गन चेस, 2. गोल्डमैन सैश, 3. बैंक ऑफ अमेरिका मेरिल लिंच, 4. मॉर्गन स्टेनली, 5. सिटी ग्रुप, 6. बार्कलेज इन्वेस्टमेंट बैंक, 7. क्रेडिट सुइस, 8. ड्यूश बैंक, 9. वेल्स फारगो सिक्योरिटीज, 10. आर.बी.सी. कैपिटल मार्केट्स, 11. यू.बी.एस., 12. एच.एस. बी.सी., 13. जैफरीज ग्रुप, 14. बी.एन. पी. पारिबास, 15. मिजुहो, 16. लाजार्ड, 17. नोमुरा, 18. एवरकोर पार्टनर्स, 19. बी.एम.ओ. कैपिटल मार्केट्स, 20. मित्सुबिशी यू.एफ.जे. फाइनेंशियल ग्रुप। व्यावसायिक संगठन ऋण के रूप में भी निवेश आमंत्रित कर सकते हैं और इसके लिए वे पूँजी बाजार में बॉण्ड (ऋण प्रतिभूति/ डेट सिक्योरिटीज) जारी करते हैं। दूसरा सबसे लोकप्रिय विकल्प है निवेशकों

यहाँ कोई ऐसा बैंक नहीं होता है, जो जन-साधारण से अपना धन जमा करने के लिए नहीं कहता है, ताकि वह कारोबारियों को ऋण दे सके; लेकिन यहाँ विशेष प्रकार के बैंक होते हैं, जिसे 'निवेश साहूकार' (इन्वेस्टमेंट बैंक) कहते हैं, जो धनी व्यक्ति विशेषों व संस्थागत निवेशकों से अपने कारोबार में निवेश आमंत्रित करनेवाले व्यावसायिक संगठनों के लिए मध्यस्थ (मिडिलमैन) का काम करते हैं।

को शेयर (आंशिक स्वामित्व हिस्सेदारी) बेचने का। ये 'निवेश साहूकार प्रतिष्ठान' ऐसे व्यक्ति विशेष निवेशकों व संस्थागत निवेशकों को खोजते हैं, जो धन जुटाने की कोशिश करनेवाले व्यावसायिक संगठनों/कंपनियों के बॉण्ड या शेयर खरीदना चाहते हैं। इस विशेषज्ञ सेवा के बदले में ये निवेश साहूकार प्रतिष्ठान से संबंधित कंपनियों से शुल्क वसूलते हैं।

जब कोई कंपनी पहली बार सार्वजनिक रूप से अपना शेयर (आंशिक स्वामित्व हिस्सेदारी) बेचती है तो उसे 'आरंभिक सार्वजनिक प्रस्ताव' (इनीशियल पब्लिक ऑफरिंग/आई.पी.ओ.) कहते हैं और दूसरी बार उसे 'माध्यमिक प्रस्ताव' (सेकंडरी ऑफरिंग) कहा जाता है। जब एक बार जन-साधारण को शेयर बेच दिया जाता है, तब शेयर खरीदनेवाले व्यक्ति विशेष निवेशक उस कंपनी के भविष्य के बारे में उत्साहित भी हो सकते हैं और निराश भी। यदि वे उत्साहित होते हैं तो उस कंपनी के और शेयर खरीद लेते हैं, और जब निराश होते हैं तो उस कंपनी के शेयर बेच देते हैं। स्पष्ट है कि निवेशकों के खरीद व बिक्री के फैसले संबंधित कंपनियों के भविष्य की संभावना या आशंका पर निर्भर करते हैं। विश्व के शेयर बाजारों में निवेशक उन कंपनियों के शेयर (आंशिक स्वामित्व हिस्सेदारी) को खरीदने व बेचने के लिए एकत्र होते हैं, जिन्हें निवेश साहूकार प्रतिष्ठान सार्वजनिक रूप से बेच चुके होते हैं। स्पष्ट है कि जब एक स्थान पर खरीदने व बेचनेवाले जमा होंगे तो वहाँ सौदों की बोलियाँ

जब कोई कंपनी पहली बार सार्वजनिक रूप से अपना शेयर (आंशिक स्वामित्व हिस्सेदारी) बेचती है तो उसे 'आरंभिक सार्वजनिक प्रस्ताव' (इनीशियल पब्लिक ऑफरिंग/ आई.पी.ओ.) कहते हैं और दूसरी बार उसे 'माध्यमिक प्रस्ताव' (सेकंडरी ऑफरिंग) कहा जाता है।

लगाई जाएँगी। शेयर बाजार में भी यही होता है। खरीदार 'बोली' (बिड) लगाता है और बिक्रीकर्ता 'पूछ मूल्य' (आस्किंग प्राइस) बोलता है। जब दोनों निश्चित मूल्य पर सहमत हो जाते हैं तो दोनों के बीच सौदा/लेन-देन (ट्रांजेक्शन) हो जाता है और संबंधित शेयर (आंशिक स्वामित्व हिस्सेदारी) एक के हाथ से दूसरे के हाथ में चला जाता है तो शेयर बाजार में सूचीबद्ध सार्वजनिक शेयरों की नीलामी होती है।

जब किसी निवेश साहूकार प्रतिष्ठान का दलाल (शेयर/स्टॉक ब्रोकर) आपसे संपर्क करता है और किसी कंपनी विशेष के शेयर खरीदने के लिए कहता है तो वास्तव में वह दो में से एक काम कर रहा होता है। चाहे तो वह संबंधित कंपनी के लिए धन-उगाही करने की कोशिश कर रहा होता है, या फिर किसी निवेशक के लिए मध्यस्थ की भूमिका निभा रहा होता है, जो कि उस कंपनी के शेयर बेचना चाहता है।

जब किसी निवेश साहूकार प्रतिष्ठान का दलाल (शेयर/स्टॉक ब्रोकर) आपसे संपर्क करता है और किसी कंपनी विशेष के शेयर खरीदने के लिए कहता है तो वास्तव में वह दो में से एक काम कर रहा होता है। चाहे तो वह संबंधित कंपनी के लिए धन-उगाही करने की कोशिश कर रहा होता है, या फिर किसी निवेशक के लिए मध्यस्थ की भूमिका निभा रहा होता है, जो कि उस कंपनी के शेयर बेचना चाहता है। जब वह धन-उगाही करता है तो उसे संबंधित कंपनी से दलाली (ब्रोकरेज) मिलती है और जब वह बिक्रीकर्ता को खरीदार से मिलवाता है, तब बिक्रीकर्ता से दलाली वसूलता है। स्पष्ट है कि शेयर दलाल हर समय सौदा कराने के लिए उत्साहित होता है, क्योंकि सौदा होने की ही स्थिति में उसे दलाली मिलती है।

निगम गठन और उसका पूँजी-निर्माण

यदि आप कोई कारोबार करना चाहते हैं तो उसके शुरू करने और चलाने के लिए पूँजी की आवश्यकता होगी। आप यह पूँजी अपनी बचत से निकाल सकते हैं या सगे-संबंधियों, मित्रों व बैंक से उधार/ऋण ले सकते हैं या फिर स्वामित्व हिस्सेदारी (शेयर इंटरेस्ट) बेच सकते हैं। स्पष्ट है कि शेयर आपके कारोबार में स्वामित्व का प्रतिनिधित्व करता है, जबकि ऋण केवल भुगतान-वादा का। जब आप अपने कारोबार का शेयर बेचना चाहते हैं तो आपको उसका निगमन (इनकॉरपोरेशन) करना पड़ता है। इसका अर्थ यह हुआ कि आपको संबंधित राज्य के निगमन विभाग में अपने कारोबार संबंधी सभी जरूरी दस्तावेज दाखिल करने पड़ते हैं। विश्व के सभी निगमों (कॉरपोरेशन) को अपने परिचालन से संबंधित राज्य के निगमन विभाग में पंजीकृत करना पड़ता है।

जब आप अपने कारोबार का शेयर बेचना चाहते हैं तो आपको उसका निगमन (इनकॉरपोरेशन) करना पड़ता है। इसका अर्थ यह हुआ कि आपको संबंधित राज्य के निगमन विभाग में अपने कारोबार संबंधी सभी जरूरी दस्तावेज दाखिल करने पड़ते हैं। विश्व के सभी निगमों (कॉरपोरेशन) को अपने परिचालन से संबंधित राज्य के निगमन विभाग में पंजीकृत करना पड़ता है।

और निगम के रूप में कारोबार को गठित करने की जो सबसे बड़ी विशेषता होती है, उसे सीमित दायित्व (लिमिटेड लायबिलिटी) कहा जाता है। इसका अर्थ यह होता है कि यदि आपका निगम कोई कानूनी विवाद हार जाता है तो निगम के अंशधारी स्वामी (शेयरहोल्डर ओनर) के

रूप में आपकी देनदारी से सुरक्षित रहते हैं। न्यायालय के फैसले में निगम की सारी संपत्ति जब्त करने का भी आदेश सुनाया जा सकता था; लेकिन अभियोगी/वादी (प्लेंटिफ) अपने मुआवजे के रूप में अंशधारी स्वामियों की निजी संपत्तियों पर अपना दावा नहीं कर सकता। निगमन की दूसरी सबसे बड़ी विशेषता यह है कि स्वामित्व को आंशिक स्वामित्व हिस्सेदारियों (शेयर) में विभाजित किया जा सकता है और उन्हें बेचा भी जा सकता है। आप स्वामित्व को कितनी आंशिक हिस्सेदारियों में विभाजित करना चाहते हैं, यह आपकी इच्छा पर निर्भर है। इसकी कोई सीमा नहीं होती, अर्थात् जितनी अधिक संख्या में स्वामित्व की आंशिक हिस्सेदारियाँ (शेयर्स) जारी की जाएँगी, उसमें स्वामित्व का अंश उतना ही कम होगा।

> ***आप स्वामित्व को कितनी आंशिक हिस्सेदारियों में विभाजित करना चाहते हैं, यह आपकी इच्छा पर निर्भर है। इसकी कोई सीमा नहीं होती, अर्थात् जितनी अधिक संख्या में स्वामित्व की आंशिक हिस्सेदारियाँ (शेयर्स) जारी की जाएँगी, उसमें स्वामित्व का अंश उतना ही कम होगा।***

यदि आप किसी फल के दो टुकड़े करते हैं तो प्रत्येक हिस्सा आधा-आधा होगा। इसी तरह किसी कंपनी के दो शेयर जारी किए गए हैं तो प्रत्येक शेयर उस कंपनी में 50 प्रतिशत स्वामित्व का प्रतिनिधित्व करेगा। मान लीजिए कि आपके निगमित कारोबार में आपका कोई संबंधी आपके बराबर पूँजी का निवेश करता है और कंपनी उसके बदले आप दोनों को 50-50 शेयर जारी करती है तो 100 आंशिक स्वामित्व हिस्सेदारियाँ उस कंपनी के कुल स्वामित्व का प्रतिनिधित्व करेंगी। इसका अर्थ यह हुआ कि फल के दो टुकड़ों की तरह आप एवं आपका संबंधी—दोनों उस कारोबार के 50

प्रतिशत स्वामित्व को धारण करते हैं।

चूँकि आप व आपका संबंधी कारोबार का स्वामित्व धारण करते हैं, इसलिए आप लोगों की बाध्यता होती है कि आपको कंपनी की निगरानी के लिए निदेशक मंडल (बोर्ड ऑफ डायरेक्टर्स) का चुनाव करना पड़ता है। बड़े अंशधारकवाले अधिकांश कारोबारों की ही तरह आप स्वयं को और अपने संबंधी को निदेशक मंडल के लिए चुन लेते हैं। अब निदेशक मंडल कंपनी को चलाने के लिए प्रबंधन (मैनेजमेंट) की नियुक्ति करता है। ऐसी स्थिति में यदि आप या आपका संबंधी संबंधित कारोबार के विशेषज्ञ नहीं हैं तो निदेशक मंडल किसी पेशेवर विशेषज्ञ को मुख्य कार्यकारी अधिकारी (चीफ एक्जीक्यूटिव ऑफिसर) नियुक्त कर लेता है।

आपको कंपनी की निगरानी के लिए निदेशक मंडल (बोर्ड ऑफ डायरेक्टर्स) का चुनाव करना पड़ता है। बड़े अंशधारकवाले अधिकांश कारोबारों की ही तरह आप स्वयं को और अपने संबंधी को निदेशक मंडल के लिए चुन लेते हैं। अब निदेशक मंडल कंपनी को चलाने के लिए प्रबंधन (मैनेजमेंट) की नियुक्ति करता है।

यदि पहले वर्ष में निगम आयकर चुकता करने के बाद शुद्ध आय/लाभ (प्रोफिट आफ्टर कॉरपोरेट इनकम टैक्स) 1 लाख रुपए हुआ तो 100 असाधारण शेयर (आउटस्टैंडिंग शेयर) के साथ कारोबारी कंपनी की प्रति शेयर आय (पर शेयर अर्निंग) 10 हजार रुपए होगी। यदि कंपनी को कारोबारी विस्तार के लिए अतिरिक्त पूँजी की आवश्यकता हुई तो कंपनी और अधिक शेयर बेचेगी या फिर ऋण लेगी। यदि कंपनी और अधिक शेयर बेचेगी तो उसके मूल स्वामित्व की हिस्सेदारी कम होगी। यदि कंपनी ने अतिरिक्त पूँजी आकर्षित करने

के लिए और अधिक 100 शेयर बेच दिए तो मुख्य शेयरधारक के रूप में आपके व आपके संबंधी के 50-50 शेयर 25-25 प्रतिशत स्वामित्व का प्रतिनिधित्व करेंगे। इस तरह कंपनी पर आपकी पकड़ अपेक्षाकृत कमजोर हो जाएगी। यदि मुख्य शेयरधारक के रूप में आप व आपके संबंधी ऐसा नहीं करना चाहते हैं तो अगली बैठक में निदेशक मंडल कंपनी की आवश्यक पूँजी की उगाही के लिए मुख्य कार्यकारी अधिकारी (सी.ई.ओ.) को बॉण्ड (ऋण प्रतिभूति) जारी करने का आदेश पारित करेगा।

यदि मुख्य शेयरधारक के रूप में आप व आपके संबंधी ऐसा नहीं करना चाहते हैं तो अगली बैठक में निदेशक मंडल कंपनी की आवश्यक पूँजी की उगाही के लिए मुख्य कार्यकारी अधिकारी (सी.ई.ओ.) को बॉण्ड (ऋण प्रतिभूति) जारी करने का आदेश पारित करेगा।

बॉण्ड (ऋण प्रतिभूति) भुगतान वापस करने का 'प्रतिज्ञा-पत्र' (प्रॉमिसरी नोट) है। जब आप बैंक के पास ऋण के लिए जाते हैं तो आप वास्तव में उसे 'बॉण्ड' ही बेच रहे होते हैं। आप बैंक को 'प्रतिज्ञा-पत्र' (प्रॉमिसरी नोट) देते हैं, जिसमें यह वादा करते हैं कि आपने उससे अमुक राशि का ऋण लिया है, जिसे आप अमुक समय पर ब्याज सहित वापस करेंगे। ऐसा ही तब भी होता है, जब बैंक जमाकर्ता के रूप में आपसे धन जमा करवाता है। वह वास्तव में आपको 'जमा प्रमाण-पत्र' (डिपॉजिट सर्टिफिकेट) ही बेच रहा होता है, जो एक प्रकार का 'बॉण्ड' (ऋण प्रतिभूति) ही होता है। इस विशेष अनुबंध (कॉण्ट्रेक्ट/एग्रीमेंट) में बैंक सहमति व्यक्त करता है कि यदि आप जमाकर्ता के रूप में उसे धन उधार देते हैं तो वह भविष्य में उसे वापस करेगा और उस अवधि का एक निश्चित दर (फिक्स्ड रेट) पर ब्याज का भुगतान भी करेगा।

इसी तरह, निगमित कंपनियाँ न केवल बैंकों से ऋण लेती हैं, वे बल्कि जन-साधारण से ऋण लेने के लिए 'बॉण्ड' (ऋण प्रतिभूति) भी जारी करती हैं। ऐसा करने के लिए कंपनियाँ किसी 'निवेश साहूकार प्रतिष्ठान' (इन्वेस्टमेंट बैंकिंग फर्म) को नियुक्त करती हैं और उसे जन-साधारण से एक बड़ी राशि उगाही करने के लिए कहती हैं। यह राशि करोड़ों-अरबों में हो सकती है। निवेश साहूकार प्रतिष्ठानों के पास पूरे देश में विशाल दलाल-संजाल (ब्रोकर नेटवर्क) होता है, जिसके माध्यम से वे कंपनी के बॉण्ड बेचकर अपेक्षित धनराशि की उगाही करते हैं और इस सेवा के बदले में कंपनी निवेश साहूकार प्रतिष्ठान को निश्चित शुल्क का भुगतान करती है। ध्यान रहे कि भले ही निवेश साहूकार प्रतिष्ठान हजारों/लाखों व्यक्ति विशेषों या संस्थागत निवेशकों (इंस्टिट्यूशनल इन्वेस्टर्स) को 'बॉण्ड' बेचते हैं, लेकिन उधारदाता (लेंडर) व उधारकर्ता (लेंडी) का संबंध निवेशक एवं कंपनी के बीच ही होता है। निवेश साहूकार तो केवल विशेष सेवा-प्रदाता की ही भूमिका निभाते हैं। इसी प्रकार, यदि आप जन-साधारण में आंशिक स्वामित्व हिस्सेदारी (शेयर) बेचना चाहते हैं तो आपकी योजना को देखकर निवेश साहूकार प्रतिष्ठान कहता है कि वह अमुक मूल्य पर अपने ग्राहकों को अमुक संख्या में शेयर बेच सकता है। इसके लिए वह कंपनी की तरफ से 'आरंभिक सार्वजनिक प्रस्ताव' (आई.पी.ओ.) लाता है। इस प्रकार, निगम की पूँजी-निर्माण (कैपिटल फार्मेशन) की प्रक्रिया पूरी की जाती है।

□

3

व्यवसाय का मूल्यांकन

पूँजी बाजार की आधारभूत जानकारियाँ हासिल करने के बाद इसमें निवेश करने के लिए अब हमें बॉण्ड या शेयर जारी करनेवाली कंपनियों के व्यवसायों के मूल्यांकन की कुशलता विकसित करनी पड़ेगी। इस अध्याय में हम सीखेंगे कि आखिर वॉरेन बफे किस प्रकार से व्यवसाय का मूल्यांकन करते थे! ऐसा करना इसलिए भी जरूरी है, क्योंकि बिना व्यवसाय को समझे हम किसी शेयर की पूर्व-कथनीयता (प्रेडिक्टिबिलिटी) का आकलन नहीं कर सकेंगे और फिर हमारे लिए संबंधित शेयर के सही खरीद मूल्य का आकलन करना भी मुश्किल हो जाएगा। हम पहले अध्याय में पढ़ चुके हैं कि खरीद मूल्य पर ही हमारे निवेश की लाभ-दर निर्भर करती है। इसलिए वॉरेन बफे के व्यावसायिक दृष्टिकोण के निवेश के आधारभूत निवेश-दर्शन को अपनाने के लिए हमें व्यवसाय के मूल्यांकन की कला सीखनी ही पड़ेगी, अन्यथा हमारे निवेश का फैसला विवेकपूर्ण नहीं हो पाएगा और हम भी पूँजी बाजार के अधिकांश जुआरियों के दल में शामिल होकर अटकलबाजियों में फँस जाएँगे और किसी भी व्यावसायिक संगठन की स्थिति के आकलन के लिए उसकी कारोबारी बैलेंस शीट (बैलेंस शीट) को पढ़ना होगा और उसके आँकड़ों के पीछे के अर्थ को गहराई से समझना होगा।

वॉरेन बफे का पिन बॉल कारोबार

ध्यान रहे कि युवा वॉरेन बफे ने व्यवसाय शुरू करने से पहले कभी नहीं सोचा था कि वह अमेरिका या विश्व के सबसे धनी व्यक्ति बन जाएँगे। उनका ऐसा कुछ भी सपना नहीं था। हाँ, वह बचपन से ही अधिक धन जरूर कमाना चाहते थे और इसके लिए उन्होंने व्यवसाय शुरू करने का फैसला किया था। चूँकि वह चक्रवृद्धि ब्याज के आश्चर्यजनक नतीजों का पूरा लाभ उठाना चाहते थे, इसलिए उन्हें यह भी अच्छी तरह से मालूम था कि वह जितना जल्दी अपना व्यवसाय शुरू करेंगे, नतीजे उतने ही अधिक अच्छे मिलेंगे। क्योंकि वह यह भी जानते थे कि मृत्यु के बाद चक्रवृद्धि ब्याज कमाना संभव नहीं होगा, उलटे कर विभाग वसूली करने के लिए दरवाजे पर आ धमकेगा।

ध्यान रहे कि युवा वॉरेन बफे ने व्यवसाय शुरू करने से पहले कभी नहीं सोचा था कि वह अमेरिका या विश्व के सबसे धनी व्यक्ति बन जाएँगे। उनका ऐसा कुछ भी सपना नहीं था। हाँ, वह बचपन से ही अधिक धन जरूर कमाना चाहते थे और इसके लिए उन्होंने व्यवसाय शुरू करने का फैसला किया था।

वास्तव में, वॉरेन ने किशोरावस्था से ही धन कमाने में अपनी जन्मजात रुचि का प्रदर्शन करना शुरू कर दिया था। उन्होंने बचपने में ही च्युइंग गम व कोका कोला की बोतलें बेचकर और फिर घर-घर साप्ताहिक पत्रिकाओं का वितरण कर धन कमाना शुरू कर दिया था। उन्होंने अपने दादा की किराना की दुकान पर ही काम किया था। अभी वह हाई स्कूल में ही पढ़ रहे थे, तभी उन्होंने गोल्फ गेंद, स्टांप, कारों की धुलाई, अखबारों के वितरण से अच्छी कमाई कर ली थी। सन् 1944 में जब उन्होंने अपनी पहली आयकर विवरणी (इनकम टैक्स रिटर्न)

दाखिल की थी तो उसमें अखबार बाँटने में काम आनेवाली साइकिल व घड़ी की लागत को घटाकर अपनी आमदनी प्रदर्शित की थी।

सन् 1945 में जब वॉरेन बफे ग्यारहवीं कक्षा में ही पढ़ाई कर रहे थे तो उन्होंने और अधिक कमाई करनेवाले धंधे की काफी खोजबीन की थी और अंत में, उन्होंने 35 डॉलर में एक पुरानी, लेकिन अच्छी चालू हालतवाली पिनबॉल मशीन (विशेष प्रकार की सिक्का संचालित मनोरंजक खेल मशीन) खरीदी थी। इस तरह उन्होंने व्यवसाय के लिए पहली संपत्ति (एसेट) बना ली थी और अब उन्हें उस मशीन को स्थापित करने के लिए ऐसे स्थान की तलाश थी, जहाँ अधिक-से-अधिक लोग उसका उपयोग कर सकें। उन्होंने सबसे पहले स्थानीय बिलियर्ड्स हॉल संचालक से संपर्क किया था तो उसने बताया था कि उसके पास पहले से ही अपनी चार पिनबॉल मशीनें हैं। असल में, वह यह नहीं चाहता था कि वॉरेन भी वहाँ पर अपनी मशीन स्थापित करें और उसके पास आनेवाले ग्राहकों को तोड़ें। इसलिए उसने वॉरेन को मना कर दिया था। तब वॉरेन को यह बात समझ आई थी कि उस बिलियर्ड्स हॉल संचालक ने स्थानीय बाजार के 'इनडोर गेम्स' (कमरे के अंदर खेले जानेवाले खेल) कारोबार पर अपना एकाधिकार (मोनोपोली) बना रखा है और वह किसी को भी इस प्रकार के खेलों में प्रवेश नहीं करने देना चाहता है।

> ***सन् 1945 में जब वॉरेन बफे ग्यारहवीं कक्षा में ही पढ़ाई कर रहे थे तो उन्होंने और अधिक कमाई करनेवाले धंधे की काफी खोजबीन की थी और अंत में, उन्होंने 35 डॉलर में एक पुरानी, लेकिन अच्छी चालू हालतवाली पिनबॉल मशीन (विशेष प्रकार की सिक्का संचालित मनोरंजक खेल मशीन) खरीदी थी।***

स्पष्ट है कि जल्द-से-जल्द व्यवसाय शुरू करने के लिए उतावले वॉरेन बफे को बाजार की पहली सच्चाई का सामना करना पड़ा था और वह कमाने के अवसर से वंचित कर देनेवाले इस झटके से बहुत हद तक निराश भी हुए थे, लेकिन वह हार माननेवालों में से नहीं थे। चूँकि उन्होंने पिनबॉल मशीन खरीदने से पहले व्यवसाय की लाभदायकता का पूरा आकलन कर लिया था, इसलिए उससे पीछे भागने का भी कोई प्रश्न नहीं था। वह इस धंधे से कमाई करने के लिए कृत-संकल्प थे। वह इस तथ्य को भी बहुत अच्छी तरह से परख चुके थे कि खुदरा धंधे की सफलता के लिए सबसे महत्त्वपूर्ण है उसकी अवस्थिति (लोकेशन)। ऐसी जगह, जहाँ ग्राहकों की सबसे अधिक आवाजाही थी। उससे तो वॉरेन को दूर कर दिया गया था। अत: वॉरेन ने इसके अन्य विकल्पों पर विचार करना शुरू किया था। जल्द ही उनके दिमाग की बत्ती जल उठी थी। उन्होंने देखा कि पिनबॉल खेलने आनेवाले अधिकांश युवा क्रू कट शैली के बाल कटवाते थे। फिर उन्हें पता चला था कि सार्ज नामक स्थानीय नाई उस शैली के बाल काटता था।

अत: वॉरेन ने इसके अन्य विकल्पों पर विचार करना शुरू किया था। जल्द ही उनके दिमाग की बत्ती जल उठी थी। उन्होंने देखा कि पिनबॉल खेलने आनेवाले अधिकांश युवा क्रू कट शैली के बाल कटवाते थे। फिर उन्हें पता चला था कि सार्ज नामक स्थानीय नाई उस शैली के बाल काटता था।

वॉरेन ने सार्ज की नाई दुकान की छानबीन की तो उन्हें दो महत्त्वपूर्ण जानकारियाँ मिली थीं—वहाँ पर कोई पिनबॉल मशीन नहीं थी और उसकी दुकान में बहुत बड़ी जगह थी, जहाँ पर पिनबॉल खेलनेवाले युवा अपनी बारी का इंतजार कर रहे होते थे। उसी वक्त वॉरेन के दिमाग में

अपने जीवन के सबसे पहले संयुक्त उद्यम (जॉइंट वेंचर) का विचार कौंधा था और उन्हें सार्ज के सामने प्रस्ताव रखा था कि यदि वह अपनी दुकान में उसे पिनबॉल मशीन स्थापित करने का अवसर देगा तो वह उसके साथ कुल राजस्व का 20 प्रतिशत साझा करेंगे। सार्ज को मानो ऐसे प्रस्ताव की जरूरत ही थी और उसने वॉरेन को 'हाँ' कर दी थी। अगले ही दिन वॉरेन ने वहाँ पिनबॉल मशीन स्थापित कर दी थी।

अगले दिन जब वॉरेन दुकान पर पहुँचे थे तो मशीन में उन्हें 10 डॉलर मिले थे। उन्होंने 20 प्रतिशत हिस्सा (2 डॉलर) सार्ज को दे दिया था और 80 प्रतिशत राजस्व (8 डॉलर) अपनी जेब में रख लिया था। दुकान से बाहर निकलते हुए वॉरेन को महसूस हुआ था कि यह बहुत ही लाभदायी कारोबार साबित होने वाला था।

अगले दिन जब वॉरेन दुकान पर पहुँचे थे तो मशीन में उन्हें 10 डॉलर मिले थे। उन्होंने 20 प्रतिशत हिस्सा (2 डॉलर) सार्ज को दे दिया था और 80 प्रतिशत राजस्व (8 डॉलर) अपनी जेब में रख लिया था। दुकान से बाहर निकलते हुए वॉरेन को महसूस हुआ था कि यह बहुत ही लाभदायी कारोबार साबित होने वाला था।

तो, वॉरेन बफे के पिनबॉल व्यवसाय का मूल्यांकन क्या होगा? यह प्रश्न थोड़ा पेचीदा है। इसके लिए हमें व्यवसाय के अर्थशास्त्र का अध्ययन करना होगा।

बैलेंस शीट का अध्ययन— किसी भी व्यवसाय के अर्थशास्त्र के अध्ययन के लिए हमें सबसे पहले उसकी बैलेंस शीट अर्थात् वित्तीय स्थिति विवरण पर नजर डालनी होगी। (सारणी देखें)

पिनबॉल व्यवसाय की एकदिवसीय बैलेंस शीट	
परिसंपत्तियाँ (एसेट्स)	
नकद (एक दिन के कारोबार से)	$ 8.00
संपत्ति (प्रॉपर्टी)	$ 35.00
कुल परिसंपत्तियाँ (टोटल एसेट्स)	$ 43.00
देनदारियाँ (लायबिलिटीज)	
ऋण (डेट)	$ 0
प्रदत्त पूँजी (पेडअप कैपिटल) (अर्थात् वह धन, जिससे व्यवसाय शुरू किया गया)	$ 35.00
प्रतिधारित आय (रिटेंड इनकम) (अर्थात् व्यवसाय परिचालन से रखा गया धन)	$ 8.00
शेयरधारक औचित्य (शेयरहोल्डर्स इक्विटी)/खाता मूल्य (बुक वैल्यू)	
(प्रदत्त पूँजी + प्रतिधारित आय)	$ 43.00
कुल शेयरधारक औचित्य व देनदारियाँ (टोटल शेयरहोल्डर्स इक्विटी एंड लायबिलिटीज)	
	$ 43.00

वास्तव में, बैलेंस शीट किसी भी व्यवसाय की वित्तीय स्थिति का विवरण होती है। हमें वॉरेन बफे के पिनबॉल व्यवसाय की एक दिवसीय बैलेंस से पता चलता है कि उनकी कुल परिसंपत्तियाँ 43 डॉलर हैं और उनकी कोई देनदारी नहीं है। हमें परिसंपत्तियों की श्रेणी में 8 डॉलर की नकदी दिखाई देती है, जो उनके एक दिन के कारोबार से प्राप्त हुई है

और 35 डॉलर की संपत्ति, जो पिनबॉल मशीन का मूल्य है। चूँकि वॉरेन ने व्यवसाय शुरू करने के लिए कोई ऋण नहीं लिया है, इसलिए उनकी कोई देनदारी भी नहीं है। प्रदत्त पूँजी (पेडअप कैपिटल) वह धन है, जिससे व्यवसाय शुरू किया गया और यहाँ पर वह राशि 35 डॉलर है। प्रतिधारित आय (रिटेंड इनकम) व्यवसाय के परिचालन या कारोबार से रखा गया धन है, जो यहाँ पर एक दिन के कारोबार से आया हुआ 8 डॉलर है। प्रदत्त पूँजी (पेडअप कैपिटल) व प्रतिधारित आय (रिटेंड इनकम) का योग शेयरधारक औचित्य (शेयरहोल्डर्स इक्विटी), जिसे व्यवसाय खाता मूल्य (बुक वैल्यू) या निवल मूल्य (नेटवर्थ) भी कहते हैं, जो यहाँ पर 43 डॉलर ($ 35 + $ 8) है।

ध्यान रहे कि हम अपने व्यवसाय या किसी भी दिन की बैलेंस शीट भी बना सकते हैं, लेकिन निगमित व्यावसायिक इकाइयाँ/कंपनियाँ संबंधित देश की राजकोषीय/ वित्तीय तिमाही और वित्तीय वर्ष के अंत में इसे तैयार करती हैं।

इनकम स्टेटमेंट का अध्ययन—किसी भी व्यवसाय के मूल्यांकन का दूसरा महत्त्वपूर्ण दस्तावेज है, उसका आय का विवरण (इनकम स्टेटमेंट)। वॉरेन बफे के पिनबॉल व्यवसाय का एकदिवसीय कारोबार का आय-विवरण इस प्रकार बनाया जाएगा—

पिनबॉल व्यवसाय का एकदिवसीय आय-विवरण (इनकम स्टेटमेंट)	
राजस्व (रेवेन्यू)	$ 10.00
व्यय (एक्सपेंस)	$ 2.00
आय (इनकम)	$ 8.00

राजस्व (रेवेन्यू) वह धन है, जो व्यावसायिक परिचालन या अन्य

स्रोत से व्यवसाय में आया है। यहाँ पर एक दिन के परिचालन से 10 डॉलर आया है, जो उसका एकदिवसीय राजस्व हुआ। चूँकि यहाँ पर किसी अन्य स्रोत से धन नहीं आया है, इसलिए उसे राजस्व की श्रेणी में नहीं दिखाया गया है। व्यय (एक्सपेंस) वह राशि है, जो व्यावसायिक परिचालन को संपन्न करने के लिए खर्च होती है और यहाँ पर वॉरेन ने सार्ज को 2 डॉलर का भुगतान किया है, जो व्यय की श्रेणी में दरशाया गया है। इस तरह, व्यवसाय की आय 8 डॉलर हुई, जिसे वॉरेन अपनी जेब में रख सकते थे।

अब तक हमने वॉरेन बफे के पिनबॉल व्यवसाय के मूल्यांकन के लिए उनकी एकदिवसीय बैलेंस शीट व आय-विवरण का अध्ययन कर लिया है तो इस व्यवसाय का मूल्य क्या होगा? बैलेंस शीट से यह पता चलता है कि व्यवसाय का खाता मूल्य (बुक वैल्यू) अर्थात् निवल मूल्य (नेट वर्थ) 43 डॉलर है तो क्या कंपनी का मूल्य 43 डॉलर हुआ?

पिनबॉल व्यवसाय का मूल्यांकन—अब तक हमने वॉरेन बफे के पिनबॉल व्यवसाय के मूल्यांकन के लिए उनकी एकदिवसीय बैलेंस शीट व आय-विवरण का अध्ययन कर लिया है तो इस व्यवसाय का मूल्य क्या होगा? बैलेंस शीट से यह पता चलता है कि व्यवसाय का खाता मूल्य (बुक वैल्यू) अर्थात् निवल मूल्य (नेट वर्थ) 43 डॉलर है तो क्या कंपनी का मूल्य 43 डॉलर हुआ? क्या वॉरेन बफे इस मूल्य पर अपने व्यवसाय को बेच देते? स्पष्ट है, वॉरेन ऐसा कभी भी नहीं करते, और यदि यह आपका व्यवसाय होता तो आप भी ऐसा नहीं करते; क्योंकि इसमें औसतन 8 डॉलर की शुद्ध आय अर्थात् लाभ होने की संभावना थी।

चूँकि सार्ज की नाई की दुकान सप्ताह के सातों दिन खुली रहती थी, यहाँ तक कि छुट्टियों के दिनों में भी, अत: वर्ष के सभी 365 दिन कारोबार चालू रहने वाला था। चूँकि सार्ज से बाल कटवानेवाला ग्राहक कहीं और नहीं जाएगा और अपनी बारी की प्रतीक्षा में वह उस कमरे में बैठेगा, जहाँ वॉरेन ने पिनबॉल मशीन लगा रखी थी। ऐसे में, औसतन उतने लोग तो उसका उपयोग करने ही वाले थे कि दैनिक राजस्व 10 डॉलर आए। चूँकि सार्ज को भी उस कारोबार में 20 प्रतिशत की आय हो रही थी, इसलिए वह मशीन की देखभाल भी ठीक प्रकार से करने वाला था और अपने ग्राहकों को उसे खेलने के लिए उत्साहित भी करता। इसलिए लाभ की संभावना पक्की थी। अत: प्रतिदिन 8 डॉलर के लाभ की दर से यह व्यवसाय के द्वारा 2,920 डॉलर प्रति वर्ष (8 डॉलर × 365 दिन) का लाभ अर्जित करने वाली थी। यदि किसी ने 43 डॉलर के शेयरधारक औचित्य (शेयरहोल्डर्स इक्विटी) या खाता मूल्य (बुक वैल्यू) या निवल मूल्य (नेट वर्थ) पर वह व्यवसाय खरीदा होता, पहले वर्ष के अंत में उसे निगम आयकर से पहले (बिफोर कॉरपोरेट इनकम टैक्स) 2,920 डॉलर का लाभ मिलता। इस प्रकार, निवेशक को शानदार निवेश प्रतिफल (रिटर्न ऑन इन्वेस्टमेंट) हासिल करने का मौका मिलता।

यदि किसी ने 43 डॉलर के शेयरधारक औचित्य (शेयरहोल्डर्स इक्विटी) या खाता मूल्य (बुक वैल्यू) या निवल मूल्य (नेट वर्थ) पर वह व्यवसाय खरीदा होता, पहले वर्ष के अंत में उसे निगम आयकर से पहले (बिफोर कॉरपोरेट इनकम टैक्स) 2,920 डॉलर का लाभ मिलता।

तो, क्या वॉरेन बेवकूफ थे कि निवेशक को 43 डॉलर शेयरधारक

औचित्य (शेयरहोल्डर्स इक्विटी) या खाता मूल्य (बुक वैल्यू) या निवल मूल्य (नेट वर्थ) पर अपने इतने संभावनाशील व्यवसाय को बेच देते? बिलकुल नहीं। वॉरेन का उत्तर यह होता कि उनका पिनबॉल व्यवसाय प्रति वर्ष 2,920 डॉलर लाभ अर्जित करने वाला था; उन्हें उम्मीद है कि यह व्यवसाय अगले दस वर्षों तक ऐसा ही चलेगा और इस प्रकार इस व्यवसाय को खरीदनेवाले को दस वर्षों में कुल 29,200 डॉलर लाभ अर्जित करने का मौका मिलेगा; तो क्या वॉरेन ने उस खरीदार को अपने व्यवसाय का वर्तमान मूल्य (प्रेजेंट वैल्यू) 29,200 डॉलर बताया होता? बिलकुल नहीं; क्योंकि जो इस व्यवसाय को खरीदने वाला था, उसे व्यवसाय के लाभ से अगले दस वर्षों में लगभग 44,516 डॉलर कमाने का अवसर मिल सकता था। कैसे? यदि वह व्यवसाय के लाभ को औसतन 8 प्रतिशत वार्षिक ब्याज देनेवाले किसी बैंक के आवर्ती जमा खाता (रेकरिंग डिपॉजिट अकाउंट) या मुद्रा बाजार निधि (मनी मार्केट फंड) में लगातार निवेश करे।

> *वॉरेन का उत्तर यह होता कि उनका पिनबॉल व्यवसाय प्रति वर्ष 2,920 डॉलर लाभ अर्जित करने वाला था; उन्हें उम्मीद है कि यह व्यवसाय अगले दस वर्षों तक ऐसा ही चलेगा और इस प्रकार इस व्यवसाय को खरीदनेवाले को दस वर्षों में कुल 29,200 डॉलर लाभ अर्जित करने का मौका मिलेगा''*

तो वह खरीदार वॉरेन के उस व्यवसाय का मूल्यांकन कैसे करता? स्पष्ट है कि वॉरेन ने अपने व्यवसाय का भविष्य मूल्य (फ्यूचर वैल्यू) 4,45,516 डॉलर आकलित किया था, यदि खरीदार 2,920 डॉलर के दैनिक लाभ को 8 प्रतिशत ब्याज देनेवाले बचत खाते या फिर अन्य

वित्तीय उत्पादों में उसका लगातार निवेश करे। इस प्रकार, यदि खरीदार अपने निवेश पर 8 प्रतिशत वार्षिक लाभ-दर पर वॉरेन के व्यवसाय को खरीदने को तैयार होता तो उसने उसका वर्तमान मूल्य (प्रेजेंट वैल्यू) लगभग 20,619.52 डॉलर आँका होता।

इस गणना के लिए आप वित्तीय गणक (फाइनेंशियल कैलकुलेटर) का उपयोग करें तो अच्छा है, क्योंकि हाथ से चक्रवृद्धि ब्याज की गणना में बहुत अधिक समय लग सकता है। वैसे तो आप वित्तीय गणक (फाइनेंशियल कैलकुलेटर) का उपयोग भी कर सकते हैं, लेकिन इसकी लागत अधिक है। ऐसे में, आप इंटरनेट पर मुफ्त में उपलब्ध वित्तीय गणक का उपयोग करें। भविष्य मूल्य (फ्यूचर वैल्यू) व वर्तमान मूल्य (प्रेजेंट वैल्यू) के लिए अलग-अलग गणक हैं। अभी आप वर्तमान मूल्य गणक (प्रेजेंट वैल्यू कैलकुलेटर) में 'FV' (फ्यूचर वैल्यू/ भविष्य मूल्य) के सामने के चौखटे में 44,516, डॉलर 'N' (नंबर ऑफ ईयर्स/ वर्ष की संख्या) के चौखटे में 10 और I/Y (इंटरेस्ट पर ईयर/प्रति वर्ष ब्याज) के चौखटे में 8 प्रतिशत अंकित करें और कैलकुलेट (गणना करें) का बटन क्लिक करें। आपको परिणाम मिलेगा 20,619.52 डॉलर।

इस गणना के लिए आप वित्तीय गणक (फाइनेंशियल कैलकुलेटर) का उपयोग करें तो अच्छा है, क्योंकि हाथ से चक्रवृद्धि ब्याज की गणना में बहुत अधिक समय लग सकता है। वैसे तो आप वित्तीय गणक (फाइनेंशियल कैलकुलेटर) का उपयोग भी कर सकते हैं, लेकिन इसकी लागत अधिक है।

यदि खरीदार ने वॉरेन को उनके पिनबॉल व्यवसाय के लिए वर्तमान मूल्य 20,619.52 डॉलर का भुगतान किया होता तो इसका अर्थ यह

हुआ कि वह अपने निवेश पर वार्षिक 8 प्रतिशत चक्रवृद्धि ब्याज दर लाभ अर्जित करता और दसवें वर्ष के अंत में भविष्य मूल्य 44,516 डॉलर प्राप्त करना उचित समझता था। इसका अर्थ यह भी हुआ कि उस खरीदार के लिए इससे अधिक लाभ-दर अर्जित कर सकनेवाला और कोई निवेश विकल्प नहीं था। मान लें कि उसके पास 10 प्रतिशत चक्रवृद्धि वार्षिक ब्याज दर वाला निवेश विकल्प होता तो क्या वह वॉरेन के बिक्री प्रस्ताव को स्वीकार करता? बिलकुल नहीं। तो, वह वॉरेन के पिनबॉल कारोबार का वर्तमान मूल्य क्या आँकता? वर्तमान मूल्य गणक (प्रेजेंट वैल्यू कैलकुलेटर) में सभी आँकड़े वैसे रहने दें और I/Y (इंटरेस्ट पर ईयर/प्रति वर्ष ब्याज) के चौखटे में 8 प्रतिशत के स्थान पर 10 प्रतिशत अंकित करें और कैलकुलेट (गणना करें) का बटन क्लिक करें। आपको परिणाम मिलेगा 17,162.85 डॉलर। इसका अर्थ यह हुआ कि खरीदार को उसके खरीद मूल्य 17,162.85 डॉलर पर वार्षिक 10 प्रतिशत ब्याज दर से कुल 27,353.15 की ब्याज राशि कमाने का अवसर मिलता।

वॉरेन के पिनबॉल कारोबार का वास्तविक मूल्य क्या होना चाहिए? वॉरेन के हिसाब से कम-से-कम 20,619.52 डॉलर, लेकिन अंतिम मूल्य इस तथ्य पर निर्भर करता है कि खरीदार उसे उस मूल्य पर खरीदना चाहता है या नहीं?

तो, वॉरेन के पिनबॉल कारोबार का वास्तविक मूल्य क्या होना चाहिए? वॉरेन के हिसाब से कम-से-कम 20,619.52 डॉलर, लेकिन अंतिम मूल्य इस तथ्य पर निर्भर करता है कि खरीदार उसे उस मूल्य पर खरीदना चाहता है या नहीं? यदि खरीदार के पास अपने निवेश पर अधिक लाभ-दर अर्जित कर सकने का जोखिम-रहित विकल्प है तो वह उसे उस मूल्य पर नहीं खरीदेगा। उसकी कोशिश यही होगी कि वह

17,162.85 डॉलर पर कोई दूसरा विकल्प चुने, ताकि उसे 10 प्रतिशत वार्षिक चक्रवृद्धि ब्याज कमाने का अवसर मिले। स्पष्ट है कि यदि आप इस प्रकार से किसी निवेश प्रस्ताव का आकलन करेंगे तो आपको उसका उचित वर्तमान मूल्य पता चल सकेगा और वॉरेन के व्यावसायिक दृष्टिकोण से निवेश का पहला पाठ याद रखें—खरीद मूल्य ही लाभ-दर को निश्चित करता है। आपका खरीद मूल्य जितना कम होगा, आप उतना ही लाभ कमा सकेंगे। इस प्रकार से जो निवेशक अपने निवेश फैसले करता है, उसी को वॉरेन बफे 'विवेकशील निवेशक' (प्रूडेंट इन्वेस्टर) कहते हैं और अटकलबाजियाँ करनेवाले को सट्टेबाज (स्पेकुलेटर)।

व्यावसायिक दृष्टिकोण से निवेश का मूल्यांकन

तो, क्या वार्षिक 10 प्रतिशत चक्रवृद्धि कमाई देनेवाला निवेश प्रस्ताव ही वॉरेन बफे की नजर में व्यावसायिक दृष्टिकोण से उचित निवेश मूल्यांकन है? जी नहीं। वॉरेन अपने निवेश पर कम-से-कम 15 प्रतिशत चक्रवृद्धि लाभ की अपेक्षा करते हैं। कैसे? इस पर आगे विचार करेंगे, लेकिन इससे पहले विचारणीय मुद्दा यह है कि यदि हम वॉरेन के व्यावसायिक दृष्टिकोण से निवेश करना चाहते हैं तो हमारे लिए किसी भी निवेश-प्रस्ताव के मूल्य-निर्धारण के लिए उसके निवेश-प्रतिफल (रिटर्न ऑन इन्वेस्टमेंट/आर.ओ.आई.) का आकलन करना होगा, लेकिन

खरीद मूल्य ही लाभ-दर को निश्चित करता है। आपका खरीद मूल्य जितना कम होगा, आप उतना ही लाभ कमा सकेंगे। इस प्रकार से जो निवेशक अपने निवेश फैसले करता है, उसी को वॉरेन बफे 'विवेकशील निवेशक' (प्रूडेंट इन्वेस्टर) कहते हैं और अटकलबाजियाँ करनेवाले को सट्टेबाज (स्पेकुलेटर)।

संबंधित व्यवसाय को समझे बिना आप उसके निवेश-प्रतिफल (रिटर्न ऑन इन्वेस्टमेंट/आर.ओ.आई.) का आकलन कैसे कर सकते हैं? स्पष्ट है कि हम वॉरेन के व्यावसायिक दृष्टिकोण से निवेश करने का वास्तविक अर्थ 'निवेश प्रतिफल की निश्चितता' (सर्टेनिटी ऑफ रिटर्न ऑन इन्वेस्टमेंट) का आकलन है।

मान लीजिए कि आप वाणिज्यिक रियल एस्टेट (कॉमर्शियल रियल एस्टेट) में निवेश खरीदना चाहते हैं और उसके वित्त-पोषण (फाइनेंस) के लिए किसी बैंक के पास जाते हैं तो वह उस ऋण-प्रस्ताव का आकलन कैसे करेगा ?

मान लीजिए कि आप वाणिज्यिक रियल एस्टेट (कॉमर्शियल रियल एस्टेट) में निवेश खरीदना चाहते हैं और उसके वित्त-पोषण (फाइनेंस) के लिए किसी बैंक के पास जाते हैं तो वह उस ऋण-प्रस्ताव का आकलन कैसे करेगा? पारंपरिक रूप से बैंक किसी वाणिज्यिक रियल एस्टेट को खरीदने के लिए उसके संभावित किराए का 80 प्रतिशत ही ऋण देता है। यदि वह रियल एस्टेट सालाना 1 लाख रुपए का किराया अर्जित करती है और उस पर कोई देनदारी नहीं है तो बैंक आपको उसे खरीदने के लिए अधिक-से-अधिक 8 लाख रुपए का ऋण जारी करेगा और बंधक धन (मोर्गेज मनी) पर लगभग 10 प्रतिशत ब्याज भी वसूल करेगा, अर्थात् बैंक वाणिज्यिक रियल एस्टेट के किराया अर्जित करने की क्षमता पर ही ऋण जारी करता है, ताकि उससे बंधक धन पर नियमित रूप से कमाई होती रहे। स्पष्ट है कि वाणिज्यिक रियल एस्टेटयों की खरीद-बिक्री व्यावसायिक दृष्टिकोण से ही की जाती है।

लेकिन आवासीय रियल एस्टेट्स (रेजिडेंशियल रियल एस्टेट) के व्यवसाय में ऐसा नहीं होता। वास्तव में, यह मूल रूप से सट्टेबाजी

पर आधारित होता है। आमतौर पर आवास खरीदनेवाले अधिकांश लोग व्यावसायिक दृष्टिकोण नहीं अपनाते हैं। वे आवास की संभावित किराया राशि से अधिक का भुगतान करते हैं। यही कारण है कि बैंक आवासीय ऋण पर संभावित जोखिम को ढँकने के लिए ग्राहकों से भारी तत्काल भुगतान (डाउन पेमेंट) भी वसूल करता है। वैसे भी, बैंक हमेशा व्यावसायिक दृष्टिकोण से ही निवेश करता है। चूँकि बैंक को पता है कि आवासीय रियल एस्टेट्स का व्यवसाय सट्टेबाजी स्वभाव का होता है, इसलिए वह उस रियल एस्टेट के भविष्य-मूल्य के आकलन को ध्यान में रखने की बजाय तत्काल भुगतान (डाउन पेमेंट) के माध्यम से अपने निवेश को सुरक्षा सीमा (मार्जिन ऑफ सेफ्टी) के भीतर ही रखता है। आवासीय रियल एस्टेट के वित्त-पोषण के मामले में बैंक बस, इतना ध्यान रखता है कि बंधक धन (मोर्गेज मनी) के ब्याज की तुलना में उसकी आय अर्जित कर सकने की वास्तविक क्षमता क्या है और दोनों के बीच के अंतर को बैंक तत्काल भुगतान (डाउन पेमेंट) के माध्यम से सुरक्षित करता है।

> ***आवासीय रियल एस्टेट के वित्त-पोषण के मामले में बैंक बस, इतना ध्यान रखता है कि बंधक धन (मोर्गेज मनी) के ब्याज की तुलना में उसकी आय अर्जित कर सकने की वास्तविक क्षमता क्या है और दोनों के बीच के अंतर को बैंक तत्काल भुगतान (डाउन पेमेंट) के माध्यम से सुरक्षित करता है।***

अब, स्वाभाविक प्रश्न यह है कि आवासीय रियल संपत्तियाँ अपने वास्तविक मूल्य से अधिक पर क्यों बेची जाती हैं और ग्राहक अधिक मूल्य क्यों चुकता करते हैं? स्पष्ट है कि आवास खरीदार व्यावसायिक दृष्टिकोण से निवेश नहीं करते हैं। रियल एस्टेट के दलाल आवास

खरीदारों को 'भविष्य की संभावना' बेचते हैं। दलाल ग्राहकों को यह सपना दिखाते हैं कि भविष्य में उक्त आवास का मूल्य बढ़ेगा और वे भविष्य में अपने भुगतान से अधिक मूल्य पर उस संपत्ति को बेच पाएँगे। वास्तव में, आवासीय रियल एस्टेट्स के दलाल ग्राहकों को व्यावसायिक दृष्टिकोण से सोचने का मौका नहीं देते हैं और उन्हें सट्टेबाजी के जाल में फँसाने की कोशिश करते हैं; लेकिन बैंक की तरह जो विवेकशील निवेशक हैं, वे अपने हर फैसले से पहले निवेश प्रतिफल की सुनिश्चितता का आकलन करते हैं।

ऐसी ही स्थिति शेयर बाजार की भी है। वहाँ व्यवसाय विशेष की आंशिक स्वामित्व हिस्सेदारियों (शेयर) की भविष्य की संभावना के आधार पर नीलामी होती है। नीलामी की प्रक्रिया में विवेकपूर्ण व्यावसायिक दृष्टिकोण निवेश (बिजनेस पर्सपेक्टिव इन्वेस्टमेंट) के साथ-साथ लालचपूर्ण सट्टेबाजी भी उपयोग में लाई जाती है; लेकिन इस बाजार में मुख्य रूप से वित्तीय विशेषज्ञतावाले संस्थागत निवेशक (इंस्टीट्यूशनल इन्वेस्टर) ही व्यावसायिक दृष्टिकोण निवेश का उपयोग कर पाते हैं, जबकि अधिकांश व्यक्ति विशेष निवेशक सट्टेबाज दलालों द्वारा बिछाए गए सुनहरे सपनों के जाल में उलझ जाते हैं। इसका मूल कारण यह है कि आम निवेशकों के पास ठोस व्यावसायिक तर्क पर आधारित व्यावसायिक दृष्टिकोण निवेश को अपनाने की विशेषज्ञता नहीं होती है और वे खोखली आशा व लालच के आधार पर निवेश फैसले करते हैं।

इसका मूल कारण यह है कि आम निवेशकों के पास ठोस व्यावसायिक तर्क पर आधारित व्यावसायिक दृष्टिकोण निवेश को अपनाने की विशेषज्ञता नहीं होती है और वे खोखली आशा व लालच के आधार पर निवेश फैसले करते हैं।

ध्यान रहे कि विश्व भर के शेयर बाजारों में अधिकांश आंशिक स्वामित्व हिस्सेदारियों (शेयर) या अन्य प्रतिभूतियों (सिक्योरिटीज) को जिन मूल्यों पर बेचा जाता है, वे हमेशा संबंधित व्यवसाय के निवल मूल्य (नेट वर्थ) के वास्तविक सांकेतिक मूल्य (इंडिकेटिव प्राइस) नहीं होते। कई बार कंपनी का वास्तविक मूल्य अधिक होता है और कई बार कम भी। वास्तव में, शेयर बाजारों में व्यक्ति विशेष और संस्थागत निवेशक दो विपरीत निवेश रणनीतियों से प्रेरित होते हैं। डर व लालच के चलते अधिकांश व्यक्ति विशेष निवेशक सट्टेबाजी पर आधारित निवेश रणनीतियाँ अपनाते हैं, जबकि संस्थागत निवेशक पूरी सख्ती से व्यावसायिक दृष्टिकोण निवेश की। इसलिए शेयर के मूल्य व्यवसाय के निवल मूल्य (नेट वर्थ) के वास्तविक सांकेतिक मूल्य (इंडिकेटिव प्राइस) नहीं रह पाते और वे कभी आश्चर्यजनक रूप से ऊपर चढ़ जाते हैं तो कभी धड़ाम से नीचे गिर पड़ते हैं, लेकिन व्यावसायिक दृष्टिकोण निवेश की रणनीति अपनानेवाले कंपनी के निवल मूल्य (नेट वर्थ) एवं संबंधित व्यवसाय की संभावनाओं के आधार पर शेयर के वास्तविक वर्तमान मूल्य (प्रेजेंट वैल्यू) का आकलन करते हैं और बाजार के अतार्किक उतार-चढ़ाव से प्रभावित हुए बिना उचित मूल्य पर खरीद-बिक्री करते हैं। ऐसे विवेकशील निवेशक अपनी सुरक्षा-सीमा में ही निवेश के फैसले करते हैं। वे बाजार के अस्वाभाविक उछाल से न तो बहुत अधिक उत्साहित होते हैं और न ही भारी गिरावट से घबराते हैं। वे हमेशा मध्य मार्ग की रणनीति अपनाते हैं।

डर व लालच के चलते अधिकांश व्यक्ति विशेष निवेशक सट्टेबाजी पर आधारित निवेश रणनीतियाँ अपनाते हैं, जबकि संस्थागत निवेशक पूरी सख्ती से व्यावसायिक दृष्टिकोण निवेश की।

शेयर बाजार में शेयर के मूल्य किस हद तक अतार्किक हो सकते हैं और आम निवेशकों को इसका कितना बड़ा नुकसान उठाना पड़ता है, इसका ऐतिहासिक उदाहरण 'आर.जे.आर. नाबिस्को' द्वारा अपनी उधार-शक्ति (बोरोइंग पॉवर) का उपयोग कर की गई 'लाभदायक खरीदारी' (लिवरेज्ड बॉयआउट) के रूप में प्रस्तुत किया जाता है।

कंपनी के ऊपर पर बहुत ही कम ऋण था। तंबाकू व्यवसाय की अच्छी पकड़ होने के कारण उसकी आय-वृद्धि का लंबा इतिहास था, लेकिन धूम्रपान के कारण कैंसर होने के सार्वजनिक मुकदमे के चलते उसके शेयरों के भाव में भारी गिरावट आने लगी थी।

सन् 1988 में तंबाकू व खाद्य उत्पादों की बहुचर्चित अमेरिकी कंपनी 'आर. जे.आर. नाबिस्को' के शेयर 45 डॉलर में बिक रहे थे। कंपनी प्रति शेयर आय 5.92 डॉलर अर्जित कर रही थी। कंपनी के ऊपर पर बहुत ही कम ऋण था। तंबाकू व्यवसाय की अच्छी पकड़ होने के कारण उसकी आय-वृद्धि का लंबा इतिहास था, लेकिन धूम्रपान के कारण कैंसर होने के सार्वजनिक मुकदमे के चलते उसके शेयरों के भाव में भारी गिरावट आने लगी थी।

स्पष्ट है कि 'आर.जे.आर. नाबिस्को' के शेयर में निवेश करनेवाले आम लोग भारी घाटे में बिकवाली कर रहे थे, लेकिन कंपनी के तत्कालीन प्रबंधन को यह लाभदायक खरीदारी (लिवरेज्ड बॉयआउट) के माध्यम से सार्वजनिक शेयर को कम कीमतों पर वापस खरीदकर कंपनी पर संपूर्ण स्वामित्व नियंत्रण का सुनहरा अवसर दिखा था। चूँकि कंपनी का नकदी प्रवाह (कैश फ्लो) बहुत ही अच्छा था, इसलिए वह लाभदायक खरीदारी (लिवरेज्ड बॉयआउट) के लिए आवश्यक अरबों डॉलर का उधार ले सकती थी और उसे बहुत ही आसानी से चुकता भी

कर सकती थी। इस अवसर का लाभ उठाने के लिए कंपनी प्रबंधन ने निवेशकों का समूह बनाया था, जिसने एक निवेश साहूकार प्रतिष्ठान (इन्वेस्टमेंट बैंकिंग फर्म) से आवश्यक उधार पूँजी हासिल की थी। फिर कंपनी ने 75 डॉलर प्रति शेयर के भाव से 17 अरब डॉलर में अपने सभी बकाया शेयर्स खरीद लिये थे। यह उस समय पूँजी बाजार की सबसे बड़ी 'लाभदायक खरीदारी' (लिवरेज्ड बॉयआउट) थी।

रोचक तथ्य यह है कि यह किसी वाणिज्यिक रियल एस्टेट को दोबारा गिरवी रखकर जुटाई गई पूँजी से खरीदने और उसी की आय से गिरवी धन चुकता करने जैसा था। इस मामले में 'आर.जे.आर. नाबिस्को' के प्रबंधकों/निवेशकों का समूह खरीदार की भूमिका में था, जिसने कंपनी को गिरवी रखकर सार्वजनिक शेयरधारकों को नकद भुगतान कर दिया था और गिरवी धन को कंपनी के नकदी प्रवाह से चुकता कर दिया था। जी हाँ, यह बहुत ही चालाकी का खेल था और ऐसा इसलिए संभव हुआ था, क्योंकि अटकलबाजियाँ करनेवाले आम निवेशकों ने कंपनी की ठोस वित्तीय स्थिति का आकलन किए बिना ही केवल मुकदमे के डर से ही अपने शेयर्स बेचने शुरू कर दिए थे, लेकिन कंपनी के प्रबंधकों/निवेशकों के समूह को अपनी ठोस वित्तीय स्थिति का पता था और उसने व्यावसायिक निवेश दृष्टिकोण के व्यवसाय का मूल्यांकन कर उसका वर्तमान मूल्य 75 डॉलर प्रति शेयर आँका था, लेकिन निजी औचित्य प्रतिष्ठान (प्राइवेट इक्विटी फर्म) 'के.

इस मामले में 'आर.जे.आर. नाबिस्को' के प्रबंधकों/निवेशकों का समूह खरीदार की भूमिका में था, जिसने कंपनी को गिरवी रखकर सार्वजनिक शेयरधारकों को नकद भुगतान कर दिया था और गिरवी धन को कंपनी के नकदी प्रवाह से चुकता कर दिया था।

के.आर. एंड कंपनी' (पहले कोलबर्ग क्रैविस रॉबर्ट्स एंड कंपनी) को यह सौदा और भी लाभकारी नजर आया था और उसने 109 डॉलर प्रति शेयर के भाव में 'आर.जे.आर. नाबिस्को' को खरीद लिया था। बाद में इसके अधिग्रहणों से गुजरती हुई यह 'आर.जे. रेनॉल्ड्स नाबिस्को' के रूप में 'मोंडेलेज इंटरनेशनल' का हिस्सा बन गई थी।

क्या खरीदें और किस मूल्य पर ?

वैसे तो हम अब वॉरेन बफे के तरीके से व्यवसाय का मूल्यांकन करना और निवेश प्रस्ताव का वर्तमान मूल्य आकलन करना सीख चुके हैं, लेकिन शेयर बाजार में किसी आंशिक स्वामित्व हिस्सेदारी (शेयर) का चुनाव करना और उसका खरीद मूल्य तय करना थोड़ा जटिल काम है।

वैसे तो हम अब वॉरेन बफे के तरीके से व्यवसाय का मूल्यांकन करना और निवेश प्रस्ताव का वर्तमान मूल्य आकलन करना सीख चुके हैं, लेकिन शेयर बाजार में किसी आंशिक स्वामित्व हिस्सेदारी (शेयर) का चुनाव करना और उसका खरीद मूल्य तय करना थोड़ा जटिल काम है। इसका कारण यह है कि शेयर बाजार मुख्य रूप से निवेश साहूकारों (इन्वेस्टमेंट बैंकर्स) और शेयर दलालों की प्रचारित धारणा से संचालित होता है। वास्तव में, इन दोनों समुदायों के लोग बिक्रीकर्ता (सेल्समैन) की तरह अपनी दलाली (कमीशन) कमाने के काम करते हैं। चूँकि इनकी सलाह या सिफारिश पूरी तरह इनकी अपनी दलाली से प्रेरित होती है, अत: स्पष्ट है कि ये अपने उत्पादों को उच्चतम संभव मूल्य पर बेचने की हर संभव कोशिशें करते हैं। ऐसी स्थिति में आम निवेशक (खरीदारों) के लिए बिलकुल सही मूल्य पर शेयर खरीद

पाना लगभग असंभव ही होता है। आरंभिक सार्वजनिक प्रस्तावों (आई. पी.ओ.) में उच्चतम संभव मूल्य पर ही शेयर जारी किए जाते हैं, ताकि जारीकर्ता कंपनी को अधिक धन हासिल हो और निवेश साहूकार प्रतिष्ठान को अधिकतम दलाली। चूँकि शेयर दलाल अपनी 'दलाली' के काम करते हैं, इसलिए वे हमेशा उच्चतम मूल्योंवाले शेयरों में ही रुचि लेते हैं।

चूँकि आई.पी.ओ. के शेयर निवेश साहूकार द्वारा उच्चतम सीमा पर निर्धारित किए जाते हैं, इसलिए आपके पास तोल-मोल करने का मौका नहीं होता है; लेकिन जब कोई दलाल अपने शोध के आधार पर कोई शेयर बेचने की कोशिश कर रहा है तो आपको सावधान हो जाना चाहिए कि वह आपको भीड़ का हिस्सा बनाना चाहता है।

चूँकि आई.पी.ओ. के शेयर निवेश साहूकार द्वारा उच्चतम सीमा पर निर्धारित किए जाते हैं, इसलिए आपके पास तोल-मोल करने का मौका नहीं होता है; लेकिन जब कोई दलाल अपने शोध के आधार पर कोई शेयर बेचने की कोशिश कर रहा है तो आपको सावधान हो जाना चाहिए कि वह आपको भीड़ का हिस्सा बनाना चाहता है। वह आपको कहेगा कि अमुक शेयर के भाव बढ़ रहे हैं और ये अभी काफी ऊपर चढ़ने वाले हैं, इसलिए आपको मौका नहीं चूकना चाहिए। ऐसे में आप क्या करेंगे? यदि आप संबंधित कंपनी के व्यवसाय की संभावनाओं और उसके वित्तीय विवरण का अध्ययन कर उसके वर्तमान मूल्य का आकलन किए बिना ही दलालों की सिफारिश पर आँख मूँदकर खरीदारी कर रहे हैं तो आपको यह समझ में आ जाना चाहिए कि आप उसकी सट्टेबाजी के जाल में फँस रहे हैं। ऐसे में आपको क्या करना चाहिए?

यहाँ पर हम वॉरेन बफे द्वारा अपनाई गई निवेश रणनीति को अपनाने की कोशिश कर रहे हैं। इसलिए ध्यान रहे कि ज्यों ही शेयर के भाव उसके स्वाभाविक वर्तमान मूल्य से ऊपर चढ़ने लगते हैं तो उस निवेश के प्रति वॉरेन का उत्साह ठंडा पड़ने लगता है। जी हाँ, वॉरेन ने इसी निवेश धंधे से ऐतिहासिक कमाई की है तो उनकी रणनीति भी अपनी ही है। वह किसी दलाल की सिफारिश पर आँख मूँदकर कोई खरीदारी नहीं करते, बल्कि उनकी रणनीति दलालों से विपरीत होती है। वास्तव में, दलालों की रणनीति 'क्या खरीदें' पर केंद्रित होती है और वे आपको 'किस मूल्य पर' पूछने का मौका ही नहीं देते। वे आपका ध्यान संबंधित कंपनी की वित्तीय संभावनाओं और भविष्य में उसके शेयर्स के भाव बढ़ने में केंद्रित रखने की कोशिश करते हैं और यह बहुत ही स्वाभाविक है, क्योंकि वे तो बिक्रीकर्ता हैं। वे आपको अपना माल बेचने की कोशिश कर रहे होते हैं। हो सकता है कि कंपनी संबंधी उनकी बातें बिलकुल सही हों, लेकिन वे आपको वर्तमान मूल्य का आकलन करने का मौका नहीं देते, क्योंकि वे आपके निवेश उत्साह का लाभ उठाने की कोशिश करते हैं।

वास्तव में, दलालों की रणनीति 'क्या खरीदें' पर केंद्रित होती है और वे आपको 'किस मूल्य पर' पूछने का मौका ही नहीं देते। वे आपका ध्यान संबंधित कंपनी की वित्तीय संभावनाओं और भविष्य में उसके शेयर्स के भाव बढ़ने में केंद्रित रखने की कोशिश करते हैं और यह बहुत ही स्वाभाविक है, क्योंकि वे तो बिक्रीकर्ता हैं।

लेकिन वॉरेन अपना हर निवेश व्यावसायिक दृष्टिकोण से ही करते रहे हैं, इसलिए उनके रास्ते पर चलते हुए हमें भी ऐसा ही करना चाहिए और अपने अध्ययन को 'किस मूल्य पर' केंद्रित करना चाहिए; क्योंकि

हम इस व्यावसायिक दृष्टिकोण निवेश के इस आधारभूत सिद्धांत को जानते हैं कि खरीद मूल्य ही लाभ-दर को निर्धारित करता है। ध्यान रहे कि वॉरेन बफेट शेयर बाजार के उतार-चढ़ावों पर विशेष ध्यान नहीं देते। 'क्या खरीदना है' तथा 'किस मूल्य पर खरीदना है', इन दोनों प्रश्नों के उत्तर वह अपने गहरे अध्ययन से पहले ही प्राप्त कर चुके होते हैं और वह बस, उस अवसर की प्रतीक्षा करते हैं, जब उनके द्वारा चुना गया उत्पाद उनके द्वारा आकलित मूल्य पर उपलब्ध होता है। वह पहले से जानते हैं कि उन्हें किस व्यवसाय में, किस कंपनी में और किस मूल्य पर खरीदना है और वह शेयर बाजार के लघुकालिक उतार-चढ़ावों की कोई परवाह नहीं करते। ऐसा ही आपको भी करना चाहिए, नहीं तो आप भी सट्टेबाजों के जाल में फँस जाएँगे।

□

4

चक्रवृद्धि लाभ का जादू

वॉरेन बफे शुरू से ही चक्रवृद्धि लाभ के जादू से चमत्कृत थे। वह अपने शुरुआती साझीदारों को इसके आश्चर्यजनक लाभकारी परिणामों के बारे में लगातार समझाते रहे थे। वॉरेन बफे के निवेश साम्राज्य को नियंत्रित करनेवाली कंपनी 'बर्कशायर हैथवे' की अपार सफलता का इतिहास 'चक्रवृद्धि लाभ के जादू' का अद्वितीय उदाहरण प्रस्तुत करता है।

'बर्कशायर हैथवे' की स्थापना सन् 1839 में 'वैली फॉल्स कंपनी' नाम से कंबरलैंड (रोड आइलैंड, संयुक्त राज्य अमेरिका) में हुई थी। वॉरेन ने अपनी निवेश साझेदारी कंपनी के माध्यम से सन् 1962 में 'बर्कशायर हैथवे' के शेयर खरीदने शुरू किए थे; वर्ष 1965 के शुरुआती महीनों में भारी खरीदारी कर 49 प्रतिशत शेयर जमा कर लिया था और 10 मई, 1965 को उसका अधिग्रहण भी कर लिया था। हालाँकि वॉरेन ने 7.60 डॉलर प्रति शेयर के भाव से शेयर खरीदना शुरू किया था, लेकिन अंततः कुल शेयर का औसत खरीद मूल्य 14.86 डॉलर प्रति शेयर आया था। उस समय 'बर्कशायर हैथवे' के खाता मूल्य (बुक वैल्यू) के हिसाब से प्रति शेयर मूल्य लगभग 19 डॉलर प्रति शेयर बनता था।

चूँकि वॉरेन शुरू से ही चक्रवृद्धि लाभ कमाना चाहते थे, इसलिए

उन्होंने अपने साझीदारों को दीर्घकालीन निवेश के लिए सहमत कर लिया था। यही कारण था कि उन्होंने न तो कभी अपने मूल शेयर (क्लास-ए) को विभाजित होने दिया और न ही लाभांश (डिविडेंड) ही जारी किया था। इस तरह, शुरुआती 25 वर्षों में न्यूयॉर्क स्टॉक एक्सचेंज (एन.एस.वाई.ई.) में सूचीबद्ध 'बर्कशायर हैथवे' के शेयर का मूल्य 373 गुना से भी अधिक बढ़कर 7,100 डॉलर (1 जून, 1990) के स्तर पर पहुँच गया था। अगले पाँच वर्षों के बाद 1995 में 'बर्कशायर हैथवे' के शेयर का औसत बाजार मूल्य 22,000 डॉलर से ऊपर चला गया था और वह अधिकांश निवेशकों की पहुँच से ऊपर चला गया था। उच्चतर पहुँच (हायर एक्सेसिबिलिटी) व तरलता (लिक्विडिटी) की बाजार की माँग को देखते हुए 9 मई, 1996 को बर्कशायर हैथवे ने 'क्लास-बी' श्रेणी के शेयर जारी किए थे, और तब औसत निवेशकों को इस प्रतिष्ठित कंपनी की निवेश सूची (पोर्टफोलियो) में शामिल होने का सौभाग्य प्राप्त हो सका था, लेकिन 'क्लास-ए' के एक शेयर की तुलना में क्लास-बी शेयर का स्वामित्व अधिकार (स्टॉक राइट) 1/1,500 और मतदान अधिकार (वोटिंग राइट) 1/10,000 था।

> ***उन्होंने न तो कभी अपने मूल शेयर (क्लास-ए) को विभाजित होने दिया और न ही लाभांश (डिविडेंड) ही जारी किया था। इस तरह, शुरुआती 25 वर्षों में न्यूयॉर्क स्टॉक एक्सचेंज (एन.एस.वाई.ई.) में सूचीबद्ध 'बर्कशायर हैथवे' के शेयर का मूल्य 373 गुना से भी अधिक बढ़कर 7,100 डॉलर (1 जून, 1990) के स्तर पर पहुँच गया था।***

ध्यान रहे कि सन् 1967 के अलावा कंपनी ने कभी लाभांश नहीं

वॉरेन बफे हमेशा अपने साझीदारों से यही कह रहे थे कि वास्तविक रूप से धनवान् बनने का सबसे सटीक तरीका है कि अपने निवेश पर अधिकतम चक्रवृद्धि लाभ कमाने की कोशिश की जाए।

जारी किया, क्योंकि वॉरेन बफे ने अपने शेयरधारकों का धन अधिक लाभ देनेवाले उद्यमों में निवेश किया था। इसका परिणाम यह हुआ कि 'बर्कशायर हैथवे' के शेयर का मूल्य लगातार ऊपर चढ़ता गया, जो 1 मार्च, 2017 को 2,66,013 डॉलर के स्तर पर था। इस तरह वर्ष 1965 से 2017 के बीच के बावन वर्षों में 'बर्कशायर हैथवे' के शेयर मूल्य में 14,000 गुना की वृद्धि हुई है।

चक्रवृद्धि लाभ कमाओ, धनवान् बनो

वॉरेन बफे हमेशा अपने साझीदारों से यही कह रहे थे कि वास्तविक रूप से धनवान् बनने का सबसे सटीक तरीका है कि अपने निवेश पर अधिकतम चक्रवृद्धि लाभ कमाने की कोशिश की जाए। वॉरेन की चक्रवृद्धि लाभ निवेश रणनीति को निम्नलिखित सारणी से आसानी से समझा जा सकता है—

1,00,000 डॉलर निवेश पर चक्रवृद्धि लाभ

अवधि/ब्याज दर	5 प्रतिशत	10 प्रतिशत	15 प्रतिशत	20 प्रतिशत
10 वर्ष	1,62,889 डॉलर	2,59,374 डॉलर	4,04,555 डॉलर	6,19,173 डॉलर
20 वर्ष	2,65,329	6,72,749	16,36,653	38,33,759
30 वर्ष	4,32,194	17,44,940	66,21,177	2,37,37,631

स्पष्ट है कि यदि 1,00,000 डॉलर को 5 प्रतिशत चक्रवृद्धि ब्याज

दर पर दस वर्षों तक निवेशित रखा जाए तो हमें 62,889 डॉलर का लाभ मिल सकता है। यदि चक्रवृद्धि ब्याज की दर में 5 प्रतिशत की वृद्धि हो जाए (अर्थात् 10 प्रतिशत) तो लाभ की राशि बढ़कर 1,59,374 डॉलर हो जाती है और यदि चक्रवृद्धि ब्याज की दर 20 प्रतिशत हो तो हमें अपने 1,00,000 डॉलर के निवेश पर 5,19,173 डॉलर का लाभ कमाने का अवसर प्राप्त हो सकता है और यदि 20 प्रतिशत चक्रवृद्धि ब्याज दर पर हम अपने निवेश को तीस वर्षों तक रखें तो हमें सबसे अधिक 2,36,37,631 डॉलर की कमाई भी संभव है। जी हाँ, वॉरेन बफे की इसी रणनीति के कारण वर्ष 1965 से 2009 के बीच के पैंतालीस वर्षों में 'बर्कशायर हैथवे' का प्रति शेयर खाता मूल्य (बुक वैल्यू) या निवल मूल्य (नेट वर्थ) में औसत 20.3 प्रतिशत की वृद्धि संभव हो सकी।

लेकिन वॉरेन के इस चक्रवृद्धि लाभ के जादू के रहस्य का दूसरा पहलू यह है कि लाभांश न अदा कर उन्होंने अपने निवेशकों के लिए भारी निजी आय कर बचत भी की है। इसे समझने के लिए 'अर्जित व प्रतिधारित लाभांश (8 प्रतिशत) पर चक्रवृद्धि लाभ' की सारणी को देखें—

अर्जित व प्रतिधारित ब्याज (8 प्रतिशत) पर चक्रवृद्धि लाभ		
वर्ष	**निवेशित राशि**	**अर्जित व प्रतिधारित ब्याज**
1	1,000.00 डॉलर	80.00 डॉलर
2	1,080.00	80.40
3	1,166.40	93.31
4	1,259.71	100.77
5	1,360.48	100.83
कुल		469.31

मान लें कि किसी निवेशक ने 8 प्रतिशत वार्षिक लाभ देनेवाले निवेश प्रस्ताव में 1,000 डॉलर का निवेश किया तो पाँचवें वर्ष के अंत में उसे कुल 469.31 डॉलर का चक्रवृद्धि लाभ कमाने का अवसर मिल सकता है, यदि कंपनी हरेक वर्ष के अंत में लाभांश का भुगतान करने की बजाय अर्जित ब्याज (अर्न्ड इंटरेस्ट) को प्रतिधारण (रिटेन) कर उसका पुनर्निवेश (री-इन्वेस्टमेंट) करे। इस लाभांश राशि पर निवेशक को 469.31 डॉलर की आय पर न्यूनतम 33 प्रतिशत (2017) अर्थात् 154.87 डॉलर पर निजी आयकर (पर्सनल इनकम टैक्स) का भुगतान करना पड़ेगा, अर्थात् निवेशक को 1,000 डॉलर के निवेश पर वास्तविक लाभ (469.31-154.87) 314.43 डॉलर होगा।

> ***इस लाभांश राशि पर निवेशक को 469.31 डॉलर की आय पर न्यूनतम 33 प्रतिशत (2017) अर्थात् 154.87 डॉलर पर निजी आयकर (पर्सनल इनकम टैक्स) का भुगतान करना पड़ेगा, अर्थात् निवेशक को 1,000 डॉलर के निवेश पर वास्तविक लाभ (469.31-154.87) 314.43 डॉलर होगा।***

लेकिन निवेशक ऐसा तभी कर सकता है, जब वह किसी ऐसी कंपनी की स्वामित्व हिस्सेदारी (शेयर) में निवेश करे, जो उसे वार्षिक लाभांश का भुगतान करने की बजाय उसे अपने पास प्रतिधारित करे और उसे अच्छी कमाई दे सकनेवाले निवेश विकल्पों में निवेश करे। वॉरेन ने ऐसा ही किया था। उन्होंने 'बर्कशायर हैथवे' निवेशकों के वार्षिक लाभांश को प्रतिधारित उस राशि को अधिक लाभ कमा सकने वाले विकल्पों में निवेशित किया था। चूँकि वॉरेन ने अपने निवेशकों को लाभांश का भुगतान नहीं किया, इसलिए निवेशकों को अपने लाभांश पर हर वर्ष आयकर का भुगतान नहीं करना पड़ा। 'बर्कशायर हैथवे' ने उन

लाभांश राशियों का अधिक लाभ दे सकनेवाले विकल्पों में पुनर्निवेश किया था; कंपनी के शेयर के भाव लगातार बढ़ते रहे थे और निवेशकों को शेयर के मूल्य के रूप में अपने मूल निवेश पर भारी चक्रवृद्धि लाभ अर्जित कर सकने का अवसर मिलता रहा।

इसके विपरीत, यदि 'बर्कशायर हैथवे' हर वर्ष लाभांश का भुगतान करता रहता तो निवेशकों को उस पर निजी आयकर का भुगतान करना पड़ता और उनके निवेश का प्रभावी लाभ-दर (इफेक्टिव रेट ऑफ रिटर्न) काफी कम हो जाता। वॉरेन ने ऐसा इसलिए भी किया था कि निवेशकों के पास अपने लाभांश को पुनर्निवेशित करने के अधिक अच्छे विकल्प नहीं थे। यदि वे अपने लाभांश को औसतन 8 प्रतिशत लाभांश देनेवाले सरकारी या निगमित बॉण्ड में निवेश करते तो उन्हें अपनी आय पर आयकर चुकता करना पड़ता और उनके निवेश का प्रभावी लाभ आयकर की दर से हर वर्ष घटता जाता।

वॉरेन ने ऐसा इसलिए भी किया था कि निवेशकों के पास अपने लाभांश को पुनर्निवेशित करने के अधिक अच्छे विकल्प नहीं थे। यदि वे अपने लाभांश को औसतन 8 प्रतिशत लाभांश देनेवाले सरकारी या निगमित बॉण्ड में निवेश करते तो उन्हें अपनी आय पर आयकर चुकता करना पड़ता और उनके निवेश का प्रभावी लाभ आयकर की दर से हर वर्ष घटता जाता।

सावधान! अधिकांश निवेश विश्लेषक (इन्वेस्टमेंट एनालिस्ट) निवेशकों को उत्कृष्ट व्यवसाय करनेवाली कंपनियों की स्वामित्व हिस्सेदारी (शेयर) में निवेश करने और अपने निवेश को लंबे समय तक बनाए रखने की सलाह अवश्य देते हैं, लेकिन वे उन्हें यह नहीं बताते

कि वे शेयर किस भाव खरीदने चाहिए, लेकिन हम वॉरेन बफे की निवेश रणनीति का अनुसरण करते हैं तो हम ऐसे निवेश विश्लेषकों के झाँसे में नहीं आएँगे, क्योंकि वॉरेन कहते हैं—"लाभ की दर खरीद मूल्य पर निर्भर करती है।"

उदाहरण के लिए, सन् 1987 में खाद्य उत्पाद व तंबाकू समूह फिलिप मोरिस के प्रति शेयर मूल्य 6.07 डॉलर एवं 10.36 डॉलर (शेयर विभाजन समायोजित मूल्य) के बीच में खरीदे व बेचे जा रहे थे। दस वर्षों के बाद, 1997 में उन शेयरों के औसत बाजार मूल्य 44 डॉलर हो गए थे। यदि आपने सन् 1987 में फिलिप मोरिस के शेयर को 6.07 डॉलर के भाव में खरीदा होता और दस वर्षों तक सँभालने के बाद सन् 1997 में 44 डॉलर के भाव से बेचा होता तो आपकी कर पूर्व चक्रवृद्धि लाभ-दर (प्री टैक्स कंपाउंडिंग रेट ऑफ रिटर्न) लगभग 21.9 प्रतिशत होती; लेकिन यदि आपने उसी शेयर को 10.36 डॉलर में खरीदा होता और उसे 44 डॉलर के बेचा होता तो आपकी कर-पूर्व चक्रवृद्धि लाभ-दर लगभग 15.56 प्रतिशत होती। इस तरह, यदि आपने 6.07 डॉलर प्रति शेयर के भाव में कुल 1,00,000 डॉलर का निवेश किया होता तो 21.9 प्रतिशत वार्षिक चक्रवृद्धि लाभ-दर पर दस वर्षों बाद वह राशि बढ़कर 7,24,497.77 डॉलर हो जाती; लेकिन वही शेयर यदि 10.36 डॉलर में खरीदा गया होता तो 15.56 प्रतिशत वार्षिक चक्रवृद्धि लाभ-दर पर आपका 1,00,000 डॉलर का

सन् 1987 में खाद्य उत्पाद व तंबाकू समूह फिलिप मोरिस के प्रति शेयर मूल्य 6.07 डॉलर एवं 10.36 डॉलर (शेयर विभाजन समायोजित मूल्य) के बीच में खरीदे व बेचे जा रहे थे। दस वर्षों के बाद, 1997 में उन शेयरों के औसत बाजार मूल्य 44 डॉलर हो गए थे।

मूल निवेश बढ़कर 4,24,693.22 डॉलर ही हो पाता, अर्थात् दोनों खरीद मूल्य पर चक्रवृद्धि लाभ का अंतर 2,99,804.55 डॉलर होता। ये सारी गणनाएँ आप अपने पहले बताए गए मुफ्त ऑनलाइन वित्तीय गणक (फाइनेंशियल कैलकुलेटर) से आसानी से कर सकते हैं।

कैसे करें उत्कृष्ट व्यवसाय की पहचान ?

अब तक यह स्पष्ट हो चुका है कि यदि हम अपने निवेश पर अधिकतम चक्रवृद्धि लाभ अर्जित करना चाहते हैं तो हमें निवेश विकल्पों के सही मूल्य निर्धारित करने से पहले उत्कृष्ट व्यवसाय करनेवाली निगमित कंपनियों की पहचान करनी होगी। उत्कृष्ट कंपनी की पहचान के दर्शन को विकसित करने के लिए वॉरेन ने अपने गुरु बेंजामिन ग्राहम के मूल दर्शन में बहुचर्चित अमेरिकी निवेशक फिलिप आर्थर फिशर और अपने साझीदार चार्ल्स थॉमस मुंगेर (वाइस चेयरमैन, बर्कशायर हैथवे) के निवेश-दर्शनों को भी शामिल किया था और अंत में तय किया था कि वह केवल उन्हीं कंपनियों में निवेश करेगा, जिसका अर्थशास्त्र मजबूत हो और जिसकी भविष्य की आय का वह उचित रूप से आकलन कर सके। इसके लिए वॉरेन निम्नलिखित प्रश्नों पर विचार करते हैं—

अब तक यह स्पष्ट हो चुका है कि यदि हम अपने निवेश पर अधिकतम चक्रवृद्धि लाभ अर्जित करना चाहते हैं तो हमें निवेश विकल्पों के सही मूल्य निर्धारित करने से पहले उत्कृष्ट व्यवसाय करनेवाली निगमित कंपनियों की पहचान करनी होगी।

पहला प्रश्न—क्या व्यवसाय के उपभोक्ता एकाधिकार की पहचान की जा सकती है ?

वॉरेन अपने पेशेवर जीवन में ऐसी बहुत सी कंपनियों को खोज पाने से सक्षम रहे थे और उन्हें पता चला था कि ऐसी सभी कंपनियाँ ऐसे उत्पाद (प्रोडक्ट) या सेवा (सर्विस) बेच रही थीं, जिसने उपभोक्ता बाजार के अपने बाजार खंड में एकाधिकार-सा बना रखा था। वॉरेन ने ऐसी कंपनियों को 'उपभोक्ता एकाधिकार' (कंज्यूमर मोनोपोली) संबोधित किया था।

वॉरेन अपने पेशेवर जीवन में ऐसी बहुत सी कंपनियों को खोज पाने से सक्षम रहे थे और उन्हें पता चला था कि ऐसी सभी कंपनियाँ ऐसे उत्पाद (प्रोडक्ट) या सेवा (सर्विस) बेच रही थीं, जिसने उपभोक्ता बाजार के अपने बाजार खंड में एकाधिकार-सा बना रखा था।

जैसे कि 'राहदारी सेतु' (टोल ब्रिज) का रख-रखाव व परिचालन करनेवाली कंपनियाँ। वॉरेन के दृष्टिकोण से यह 'उपभोक्ता एकाधिकार' का शास्त्रीय स्वरूप है। यदि कोई उपभोक्ता नाव का उपयोग किए बिना नदी पार करना चाहता है तो उसे पुल के उपयोग के लिए राहदारी का भुगतान भी करना पड़ सकता है, क्योंकि स्थान विशेष पर नदी पार करने पर राहदारी सेतु का एकाधिकार-सा होता है। इसी प्रकार की स्थिति वहाँ भी होती है, जब किसी बड़े शहर में एकमात्र समाचार-पत्र होता है, क्योंकि आपको उस शहर विशेष में अपने उत्पाद या सेवा को प्रचारित करना है तो आपको उसी समाचार-पत्र में विज्ञापन प्रकाशित करना होगा। स्पष्ट है कि चाहे वह स्थान विशेष का राहदारी सेतु हो या फिर शहर विशेष का एकमात्र समाचार-पत्र, उपभोक्ता एकाधिकार उन्हें अपनी सेवाओं की बड़ी कीमत लगाने की स्वतंत्रता प्रदान करता है।

वास्तव में, किसी व्यवसाय विशेष की कंपनियों में 'उपभोक्ता

एकाधिकार' की उपस्थिति को सुनिश्चित करने के लिए वॉरेन बफे ने कुछ वैचारिक परीक्षण (कांसेप्चुअल टेस्ट) निर्धारित किए थे। ऐसा करने के लिए वॉरेन स्वयं से सबसे पहला प्रश्न करते थे—यदि उनके पास अरबों डॉलर हों और वह शीर्ष के 50 प्रबंधकों को नियुक्त करने में सक्षम हों तो क्या वह वैसा ही व्यवसाय शुरू कर सकते हैं और उस व्यवसाय को संबंधित कंपनी की ही तरह सफलतापूर्वक संचालित भी कर सकते हैं? यदि वॉरेन को उत्तर 'नहीं' में मिलता था तो वे मान लेते थे कि संबंधित कंपनी कुछ विशेष प्रकार के उपभोक्ता एकाधिकार से सुरक्षित है। वॉरेन की दृष्टि में उपभोक्ता एकाधिकार कंपनी की वास्तविक परीक्षा यह है कि क्या कोई प्रतिस्पर्धी कंपनी उसे धन कमाने की परवाह किए बिना भी किसी प्रकार का कोई नुकसान पहुँचा सकती है?

वॉरेन की दृष्टि में उपभोक्ता एकाधिकार कंपनी की वास्तविक परीक्षा यह है कि क्या कोई प्रतिस्पर्धी कंपनी उसे धन कमाने की परवाह किए बिना भी किसी प्रकार का कोई नुकसान पहुँचा सकती है?

जैसे, वॉरेन ने देखा था कि क्या 'वॉल स्ट्रीट जर्नल' से प्रतिस्पर्धा कर पाना संभव है? तो उन्हें पता चला था कि कोई समाचार-पत्र भले ही अरबों डॉलर खर्च कर ले, लेकिन वह 'वॉल स्ट्रीट जर्नल' की पाठक संख्या (रीडरशिप) में सेंध नहीं लगा सकता। इसी प्रकार, वॉरेन ने परखा था कि क्या वह चबानेवाली स्वादिष्ट गोंद पट्टी (च्युइंग गम) बनानेवाली कंपनी शुरू कर 'रेगली' कंपनी (विश्व की सबसे बड़ी च्युइंग गम निर्माता व विपणनकर्ता कंपनी; अब मार्स इन्कॉरपोरेटेड की पूर्ण स्वामित्ववाली सहायक कंपनी) से प्रतिस्पर्धा कर सकते थे? वॉरेन को पता चला था कि कई कंपनियों ने 'रेगली' से प्रतिस्पर्धा करने की कोशिश की थी, लेकिन अधिकतर बुरी तरफ असफल साबित हुई

थीं। जो अपना अस्तित्व बचा पाने में सफल भी रहीं, उन्हें भी 'रेगली' की तुलना में अपनी नगण्य बाजार हिस्सेदारियों से ही संतोष करना पड़ा था। इसी प्रकार, वॉरेन ने चॉकलेट पट्टी बनानेवाली 'हर्शे' कंपनी (अब अमेरिका की सबसे बड़ी चॉकलेट विनिर्माताओं में एक), शीतल पेय कंपनी कोका कोला आदि के बारे में भी विचार किया था।

कुछ समय के लिए कोका कोला के बारे में सोचिए। अनुमान लगाइए कि वह कहाँ-कहाँ बिकता है? विश्व के लगभग हर नुक्कड़, छोटी-बड़ी दुकानों, रेस्तराँओं, भवनों या सार्वजनिक सुविधा-स्थलों पर आपको कोका कोला मिल जाएगा। यह ऐसा लोकप्रिय शीतल पेय है कि हर दुकान या रेस्तराँ को उसे रखना पड़ता है। क्यों? क्योंकि यदि वह कोका कोला नहीं रखेगा तो उसकी बिक्री प्रभावित होगी। अब कोका कोला से प्रतिस्पर्धा करने की कोशिश कीजिए! आपको इसके लिए जनरल मोटर्स जैसी दो कंपनियों के बराबर पूँजी आधार (कैपिटल बेस) की आवश्यकता होगी। फिर भी, आप यह दावा नहीं कर सकते कि आप कोका कोला से प्रतिस्पर्धा कर सकते हैं। विश्व में उससे प्रतिस्पर्धा कर सकनेवाली एक ही कंपनी विकसित हो सकी, जिसका नाम पेप्सीको है और कोई नहीं, क्योंकि कोका कोला के पास शीतल पेय बनाने का 'सीक्रेट फॉर्मूला' है।

कुछ समय के लिए कोका कोला के बारे में सोचिए। अनुमान लगाइए कि वह कहाँ-कहाँ बिकता है? विश्व के लगभग हर नुक्कड़, छोटी-बड़ी दुकानों, रेस्तराँओं, भवनों या सार्वजनिक सुविधा-स्थलों पर आपको कोका कोला मिल जाएगा। यह ऐसा लोकप्रिय शीतल पेय है कि हर दुकान या रेस्तराँ को उसे रखना पड़ता है।

जी हाँ, वॉरेन ने अपने शोध में पाया था कि चूँकि उपभोक्ता एकाधिकार वाली कंपनियाँ अपने विशाल नकदी प्रवाह (कैश फ्लो) से लाभान्वित होती हैं, इसलिए वे आमतौर पर लगभग ऋण-मुक्त (डेट फ्री) होती हैं। यही कारण है कि ऐसी कंपनियाँ दूसरे लाभकारी उद्यमों को शुरू कर पाने या फिर अपने ही शेयरों को वापस खरीदकर अपने स्वामित्व हिस्सेदारी को बढ़ा पाने में सक्षम होती हैं। इतना ही नहीं, ऐसी कंपनियाँ आमतौर पर ऐसे उत्पादों का विनिर्माण करती हैं, जिनमें निम्न स्तरीय प्रौद्योगिकी का उपयोग होता है और उन्हें उच्च प्रौद्योगिकी वाले संयंत्र स्थापित करने की आवश्यकता नहीं होती। चूँकि उनके उत्पादों को बाजार में नहीं के बराबर प्रतिस्पर्धा करनी पड़ती है, इसलिए वे अपने विनिर्माण संयंत्रों (मैन्युफैक्चरिंग प्लांट्स) का अधिक लंबे समय तक उपयोग कर सकती हैं। प्रतिस्पर्धा से मुक्त होने के कारण इन कंपनियों को अपने संयंत्रों को आधुनिक बनाने में लगातार व्यय नहीं करना पड़ता है। इसके विपरीत, अब मोटर वाहन (ऑटोमोबाइल) विनिर्माता कंपनियों की स्थिति पर विचार कीजिए। ये भी वस्तु उत्पादों (कमोडिटी प्रोडक्ट्स) जैसे मूल्य संवेदनशील (प्राइस सेंसिटिव) होते हैं। यही कारण है कि इन्हें बस, एक नए प्रारूप वाली

वॉरेन ने अपने शोध में पाया था कि चूँकि उपभोक्ता एकाधिकार वाली कंपनियाँ अपने विशाल नकदी प्रवाह (कैश फ्लो) से लाभान्वित होती हैं, इसलिए वे आमतौर पर लगभग ऋण-मुक्त (डेट फ्री) होती हैं। यही कारण है कि ऐसी कंपनियाँ दूसरे लाभकारी उद्यमों को शुरू कर पाने या फिर अपने ही शेयरों को वापस खरीदकर अपने स्वामित्व हिस्सेदारी को बढ़ा पाने में सक्षम होती हैं।

कार को बाजार में लाने के लिए भी अपने पुराने संयंत्रों को आधुनिक बनाने और नई उत्पादन सुविधा स्थापित करने पर अरबों डॉलर खर्च करने पड़ते हैं और कार या अन्य मोटर वाहन ऐसे उत्पाद हैं कि उन्हें बाजार की गलाकाट प्रतिस्पर्धा में बने रहने के लिए स्वयं को लगातार बदलना पड़ता है और ऐसा करने के लिए मोटर वाहन कंपनियों को अपनी उत्पादन सुविधाओं में लगातार भारी निवेश करते रहना पड़ता है।

कोई कंपनी भले ही उपभोक्ता एकाधिकार की स्थिति का लाभ उठा रही हो, लेकिन क्या उसका शीर्ष प्रबंधन उसकी आय को लगातार ऊपर की ओर ले जा पाने में सक्षम है? जी हाँ, वॉरेन की ही तरह हमें भी ऐसी कंपनियों की वित्तीय बैलेंस शीट को ध्यान से पढ़ना पड़ेगा और उनकी प्रति शेयर आय (पर शेयर इनकम) के आँकड़ों की जाँच करनी पड़ेगी।

दूसरा प्रश्न—क्या कंपनी की आय मजबूत है और ऊपर की ओर जा रही है?

कोई कंपनी भले ही उपभोक्ता एकाधिकार की स्थिति का लाभ उठा रही हो, लेकिन क्या उसका शीर्ष प्रबंधन उसकी आय को लगातार ऊपर की ओर ले जा पाने में सक्षम है? जी हाँ, वॉरेन की ही तरह हमें भी ऐसी कंपनियों की वित्तीय बैलेंस शीट को ध्यान से पढ़ना पड़ेगा और उनकी प्रति शेयर आय (पर शेयर इनकम) के आँकड़ों की जाँच करनी पड़ेगी। इसके लिए वॉरेन संबंधित कंपनी के कम-से-कम दस वर्षों की बैलेंस शीट का अध्ययन करते थे और प्रति शेयर आय के आँकड़ों की सूची बनाते थे। यदि आय की स्थिति मजबूत रही और उसका रुझान ऊपर की ओर बढ़ रहा होता था तो वॉरेन यह अर्थ निकालते थे कि शीर्ष प्रबंधन कंपनी की उपभोक्ता एकाधिकार

की अनुकूल परिस्थिति को वास्तविक शेयरधारक मूल्य (शेयरहोल्डर वैल्यू) में बदल पाने में सक्षम है।

तीसरा प्रश्न—कंपनी की दीर्घकालीन ऋण-स्थिति क्या है? क्या वह वित्त-पोषण में संकोची है?

वॉरेन को वैसी कंपनियाँ पसंद हैं, जो भारी दीर्घकालीन ऋण लेने में संकोच करती हैं। यदि कंपनी के पास उपभोक्ता एकाधिकार है तो यह निश्चित है कि उसका नकदी प्रवाह बहुत अच्छा होगा और उसे अपने ऊपर दीर्घकालीन ऋण का बोझ लादने की आवश्यकता ही नहीं होगी। 'रेगली', 'इंटरनेशनल फ्लेवर्स एंड फ्राग्रेंसेस' वॉरेन की सबसे पसंदीदा कंपनियों में गिनी जाती हैं, क्योंकि उनके खातों में आमतौर पर दीर्घकालीन ऋण दिखते ही नहीं और यदि दिखते हैं तो वे नगण्य ही होते हैं। वॉरेन को भारी लाभ देनेवाली कोका कोला एवं जिलेट जैसी कंपनियाँ अपने खाते में दीर्घकालीन ऋण के बोझ को अपनी 'वर्तमान शुद्ध आय' (करंट नेट इनकम) से ऊपर नहीं जाने देतीं।

वॉरेन को वैसी कंपनियाँ पसंद हैं, जो भारी दीर्घकालीन ऋण लेने में संकोच करती हैं। यदि कंपनी के पास उपभोक्ता एकाधिकार है तो यह निश्चित है कि उसका नकदी प्रवाह बहुत अच्छा होगा और उसे अपने ऊपर दीर्घकालीन ऋण का बोझ लादने की आवश्यकता ही नहीं होगी।

लेकिन कभी-कभी उपभोक्ता एकाधिकारवाली उत्कृष्ट कंपनियाँ भी अन्य व्यवसायों के अधिग्रहण के वित्त-पोषण के लिए अपने ऊपर भारी दीर्घकालीन ऋण का बोझ लाद सकती हैं। जैसे कि अमेरिकी दूरदर्शन व आकाशवाणी संजाल 'ए.बी.सी. समूह' के अधिग्रहण के लिए 'कैपिटल सिटीज' ने अपनी वर्तमान शुद्ध आय के दोगुना से अधिक दीर्घकालीन

ऋण ले लिया था। ऐसी स्थिति में वॉरेन यही देखते थे कि अधिग्रहण की जानेवाली उपभोक्ता एकाधिकार कंपनी है या नहीं? यदि 'हाँ' तो ठीक है और यदि 'नहीं' तो मामला गड़बड़ है।

इस संबंध में, वॉरेन का स्पष्ट मत है कि यदि एक उपभोक्ता एकाधिकार कंपनी दूसरी उपभोक्ता एकाधिकार कंपनी का अधिग्रहण करने के लिए ऋण लेती है तो दोनों का भारी नकदी प्रवाह ऋण के बोझ को बेअसर कर देगा। इसके उलट, यदि कोई उपभोक्ता एकाधिकार कंपनी किसी वस्तु संबंधी (कमोडिटी) कंपनी को अधिग्रहण करने के लिए ऋण लेती है तो उसका अपना नकदी प्रवाह भले ही ऋण के बोझ को झेल ले, लेकिन उसकी लाभदायकता अवश्य ही प्रभावित होगी। तीसरी स्थिति सबसे खतरनाक होती है, जब एक वस्तु संबंधी कंपनी अपने बाजार विस्तार के लिए अपनी ही जैसी दूसरी कंपनी के अधिग्रहण के लिए ऋण लेती है, क्योंकि उनके पास कोई निश्चित नकदी प्रवाह नहीं होता।

वॉरेन का स्पष्ट मत है कि यदि एक उपभोक्ता एकाधिकार कंपनी दूसरी उपभोक्ता एकाधिकार कंपनी का अधिग्रहण करने के लिए ऋण लेती है तो दोनों का भारी नकदी प्रवाह ऋण के बोझ को बेअसर कर देगा।

चौथा प्रश्न—क्या कंपनी लगातार उच्च दर से औचित्य लाभ अर्जित कर रही है?

वॉरेन बफे उन्हीं कंपनियों में निवेश करते रहे हैं, जो लगातार उच्च दर औचित्य लाभ (रिटर्न ऑन इक्विटी/ आर.ओ.ई.) अर्जित कर पाने में सक्षम हैं, क्योंकि ऐसी कंपनियाँ ही अपने शेयरधारकों के लिए अच्छा धन पैदा कर सकती हैं।

अब यहाँ पर 'औचित्य' (इक्विटी) का अर्थ 'शेयरधारक औचित्य' (शेयरहोल्डर्स इक्विटी) से है। वास्तव में, कुल परिसंपत्ति

(टोटल एसेट्स) में कुल देनदारी (टोटल लायबिलिटीज) को घटाने पर जो हिस्सा बचता है, उसे ही 'शेयरधारक औचित्य' कहते हैं, अर्थात् किसी भी व्यवसाय में शेयरधारकों ने जो पूँजी निवेश किया है, वही कुल परिसंपत्ति में शेयरधारक औचित्य होता है।

उदाहरण के लिए, यदि 60 लाख रुपए का घर खरीदने के लिए आपने अपनी बचत से 15 लाख रुपए का पूँजी निवेश किया है और 45 लाख रुपए बैंक से बंधक ऋण (मोर्गेज लोन) लिया है तो 1 करोड़ रुपए की कुल परिसंपत्ति में आपका, अर्थात् शेयरधारक का औचित्य 15 लाख रुपए हुआ (60 लाख-45 लाख) हुआ। अब यदि आप उस घर को किराए पर चढ़ाते हैं तो रख-रखाव व्यय (मेंटिनेंस एक्सपेंस), बंधक ऋण की समीकृत मासिक किस्तें (इक्वेटेड मंथली इंस्टलमेंट/ई.एम.आई.) व गृह कर (हाउस टैक्स) का भुगतान करने के बाद आपके हिस्से में जो राशि बचती है, वही 'शेयरधारक औचित्य' (शेयरहोल्डर्स इक्विटी) होगी। मान लें कि आपने उस घर को 25 हजार रुपए प्रतिमाह अर्थात् 3 लाख रुपए प्रति वर्ष के किराए पर चढ़ाया, जबकि आपका कुल खर्च 2.50 लाख रुपए (रख-रखाव रुपए 6,000 रुपए, कुल ई.एम.आई. 2.40 लाख एवं गृह कर 4,000 रुपए) रहा तो आपके हिस्से 50 हजार रुपए की राशि आई। इस तरह आपको (शेयरधारक को) अपने 15 लाख रुपए के पूँजी

> ***यदि 60 लाख रुपए का घर खरीदने के लिए आपने अपनी बचत से 15 लाख रुपए का पूँजी निवेश किया है और 45 लाख रुपए बैंक से बंधक ऋण (मोर्गेज लोन) लिया है तो 1 करोड़ रुपए की कुल परिसंपत्ति में आपका, अर्थात् शेयरधारक का औचित्य 15 लाख रुपए हुआ (60 लाख-45 लाख) हुआ।***

निवेश, यानी 'औचित्य' पर 50 हजार रुपए प्रति वर्ष (लगभग 3.33 प्रतिशत) की शुद्ध आय हुई, अर्थात् आपके घर (व्यवसाय) ने आपके लिए (अपने शेयरधारक के लिए) 3.33 प्रतिशत की दर से 'औचित्य लाभ' (रिटर्न ऑन इक्विटी/आर.ओ.ई.) अर्जित किया।

यदि आप 1 करोड़ रुपए की कुल परिसंपत्ति वाली किसी व्यावसायिक निगम/कंपनी के स्वामी हैं, जिसकी कुल देनदारियाँ 40 लाख रुपए है तो इसका अर्थ यह हुआ कि आपने उसमें 60 लाख रुपए का अपना पूँजी निवेश किया हुआ है, जो उस कंपनी का 'शेयरधारक औचित्य' (शेयरहोल्डर्स इक्विटी) कहा जाएगा।

इसी प्रकार, यदि आप 1 करोड़ रुपए की कुल परिसंपत्ति वाली किसी व्यावसायिक निगम/कंपनी के स्वामी हैं, जिसकी कुल देनदारियाँ 40 लाख रुपए है तो इसका अर्थ यह हुआ कि आपने उसमें 60 लाख रुपए का अपना पूँजी निवेश किया हुआ है, जो उस कंपनी का 'शेयरधारक औचित्य' (शेयरहोल्डर्स इक्विटी) कहा जाएगा। यदि उस कंपनी ने कर भुगतान करने के बाद 19.80 लाख रुपए का शुद्ध लाभ अर्जित किया तो उसका अर्थ होगा कि उसने आपके लिए (अपने शेयरधारक के लिए) 33 प्रतिशत की दर से 'औचित्य लाभ' (रिटर्न ऑन इक्विटी/आर.ओ.ई.) अर्जित किया।

ऐसी स्थिति में, यदि भारतीय कंपनियाँ सामूहिक रूप से औसत 12 प्रतिशत की दर से 'औचित्य लाभ' (रिटर्न ऑन इक्विटी/आर.ओ.ई.) अर्जित कर रही हैं तो आपकी कंपनी 'औसत से ऊपर' कही जाएगी और जिन कंपनियों की 'औचित्य लाभ' दर 12 प्रतिशत से कम होगी, उसे 'औसत से नीचे' कहा जाएगा। स्पष्ट है कि आप भी औसत से ऊपर 'औचित्य लाभ' अर्जित करनेवाली

कंपनियों में ही निवेश करना पसंद करेंगे, क्योंकि वही आपके निवेश को अधिक तेजी से बढ़ा पाने, अर्थात् आपको अधिक धनवान् बना पाने की स्थिति में है।

लेकिन वॉरेन अपने निवेश के लिए उन कंपनियों को श्रेष्ठ मानते रहे हैं, जो कम-से-कम पिछले दस वर्षों से औसतन 15 प्रतिशत 'औचित्य लाभ-दर' अर्जित कर पाने में सक्षम थीं, अर्थात् वॉरेन ने अपने मूल्यवान् धन का निवेश उन्हीं कंपनियों में किया था, जो उनके लिए निश्चित तौर पर औसत से भी अधिक बढ़त कर पाने में सक्षम थीं। जी हाँ, जब वॉरेन ने 'जनरल फूड कॉरपोरेशन' के शेयर्स खरीदने शुरू किए थे तो उसका औसत 'औचित्य लाभ' 16 प्रतिशत था। इसी प्रकार, जब उसने कोका कोला के शेयर खरीदने शुरू किए थो तो वह 33 प्रतिशत 'औचित्य लाभ' अर्जित कर रही थी और पिछले पाँच वर्षों का औसत लगभग 25 प्रतिशत था। 'हर्शे' (चॉकलेट) वॉरेन की पसंदीदा कंपनियों में से एक थी, क्योंकि उसके पिछले दस वर्षों के औचित्य लाभ-दर का औसत 16.7 प्रतिशत था। इसी प्रकार, वॉरेन ने जब फिलिप मोरिस के शेयर्स खरीदने शुरू किए थे तो वह पिछले दस वर्षों में 30.5 प्रतिशत औसत 'औचित्य लाभ' अर्जित कर रही थी। इसी प्रकार 1995 में जब वॉरेन कैपिटल सिटीज की बड़ी शेयर हिस्सेदारी थी तो वह 18 प्रतिशत

> ***वॉरेन अपने निवेश के लिए उन कंपनियों को श्रेष्ठ मानते रहे हैं, जो कम-से-कम पिछले दस वर्षों से औसतन 15 प्रतिशत 'औचित्य लाभ-दर' अर्जित कर पाने में सक्षम थीं, अर्थात् वॉरेन ने अपने मूल्यवान् धन का निवेश उन्हीं कंपनियों में किया था, जो उनके लिए निश्चित तौर पर औसत से भी अधिक बढ़त कर पाने में सक्षम थीं।***

की दर से औचित्य लाभ अर्जित कर रही थी। इसी तरह, जब सर्विस मास्टर ग्लोबल होल्डिंग 40 प्रतिशत से अधिक और गैनेट कॉरपोरेशन 25 प्रतिशत की दरों पर औचित्य लाभ अर्जित कर रही थीं, तब वॉरेन ने उन कंपनियों के शेयर खरीदे थे।

पाँचवाँ प्रश्न—क्या कंपनी अपने लाभ को प्रतिधारित करती है?

वॉरेन बफे का मानना है कि जो कंपनियाँ उच्च दर पर लाभांश का भुगतान करने की बजाय अपनी शुद्ध आय को प्रतिधारित (रिटेन) कर उसका अधिक लाभकारी उद्यमों में पुनर्निवेश करने में सक्षम हैं, वे अपने मूल शेयर के मूल्य-वर्धन के माध्यम से शेयरधारकों को चक्रवृद्धि लाभ अर्जित करने का अवसर प्रदान करती हैं।

वॉरेन बफे का मानना है कि जो कंपनियाँ उच्च दर पर लाभांश का भुगतान करने की बजाय अपनी शुद्ध आय को प्रतिधारित (रिटेन) कर उसका अधिक लाभकारी उद्यमों में पुनर्निवेश करने में सक्षम हैं, वे अपने मूल शेयर के मूल्य-वर्धन के माध्यम से शेयरधारकों को चक्रवृद्धि लाभ अर्जित करने का अवसर प्रदान करती हैं। वॉरेन ने अपनी नियंत्रक कंपनी बर्कशायर हैथवे में ऐसा ही किया है; लेकिन उन्होंने भी स्वीकार किया है कि अपनी आय को प्रतिधारित करनेवाली सभी कंपनियाँ ऐसा कर पाने में सक्षम नहीं होती हैं। इसलिए हमें ऐसी कंपनियों के इतिहास पर पैनी दृष्टि डालनी चाहिए।

छठा प्रश्न—कंपनी अपने वर्तमान परिचालन को बनाए रखने पर कितना खर्च करती है?

आय अर्जित करना, आय को प्रतिधारित करना और प्रतिधारित आय को वर्तमान परिचालन को बनाए रखने पर व्यय न करना—तीनों अलग

बातें हैं। किसी कंपनी में निवेश करने से पहले वॉरेन बफे इन तीनों आँकड़ों की गहरी छानबीन करते हैं, क्योंकि यदि कंपनी प्रतिधारित आय को अपने वर्तमान व्यवसाय को सँभालने पर ही व्यय कर देती है तो उसके पास अधिक लाभकारी उद्यम में पुनर्निवेश करने और अपने शेयरधारकों के लिए अधिक मूल्य अर्जित करने के लिए धन ही नहीं बचता।

उदाहरण के लिए, यदि कोई कंपनी प्रति वर्ष 1 करोड़ रुपए की शुद्ध आय अर्जित कर रही है, वह अपने शेयरधारकों को लाभांश भुगतान करने की बजाय उसे प्रतिधारित करती है, लेकिन उसे अपने वर्तमान परिचालन को बनाए रखने के लिए हर दूसरे वर्ष अपने संयंत्र व उपकरणों को बदलने पर प्रतिवर्ष 2 करोड़ रुपए खर्च करने पड़ते हैं तो स्पष्ट है कि वास्तव में कंपनी की शुद्ध आय की दर शून्य है। जी हाँ, वॉरेन उसी व्यावसायिक परिचालन को उत्कृष्ट मानते हैं, जिसे अपने संयंत्र या उपकरणों के बदलाव के लिए अपनी शुद्ध आय में से शून्य खर्च करना पड़ता है।

यदि कोई कंपनी प्रति वर्ष 1 करोड़ रुपए की शुद्ध आय अर्जित कर रही है, वह अपने शेयरधारकों को लाभांश भुगतान करने की बजाय उसे प्रतिधारित करती है, लेकिन उसे अपने वर्तमान परिचालन को बनाए रखने के लिए हर दूसरे वर्ष अपने संयंत्र व उपकरणों को बदलने पर प्रतिवर्ष 2 करोड़ रुपए खर्च करने पड़ते हैं तो स्पष्ट है कि वास्तव में कंपनी की शुद्ध आय की दर शून्य है।

वास्तव में, जब वॉरेन बफे अपने गृह नगर ओमाहा स्थित नेब्रास्का ओमाहा विश्वविद्यालय के व्यवसाय प्रशासन महाविद्यालय (कॉलेज ऑफ बिजनेस एडमिनिस्ट्रेशन) में निवेश पर रात्रिकालीन वर्ग संचालित

करते थे तो वह कंपनियों की पूँजी की आवश्यकता एवं उसके प्रभाव पर व्याख्यान दिया करते थे। इस संदर्भ में 'एटी एंड टी' तथा 'थॉमसन पब्लिशिंग' के उदाहरण देते थे। वॉरेन प्रदर्शित करते थे कि विघटित होने से पहले 'एटी एंड टी' शेयरधारकों के लिए खराब निवेश विकल्प था। हालाँकि वह बहुत अच्छी आय अर्जित करती थी, लेकिन उसे अपनी पूँजीगत आवश्यकताओं—शोध एवं विकास (रिसर्च एंड डेवलपमेंट) व आधारभूत ढाँचा (इन्फ्रास्ट्रक्चर) के लिए अपनी आय से भी अधिक अतिरिक्त धन एकत्रित करना पड़ता था। अपने विस्तार के वित्त-पोषण के लिए 'एटी एंड टी' नए शेयर व बॉण्ड जारी करती थी। इसके विपरीत, 'थॉमसन पब्लिशिंग' जैसी कंपनियाँ एकल समाचार-पत्र वाले शहरों में बहुत से समाचार-पत्रों के प्रकाशन करती थीं और शेयरधारकों के लिए बहुत धन बनाती थीं। उसके लिए ऐसा कर पाना इसलिए संभव होता था कि एक बार मुद्रणालय (प्रिंटिंग प्रेस) संबंधी आधारभूत ढाँचा स्थापित किए जाने के बाद उसे बहुत ही कम पूँजीगत आवश्यकताएँ होती थीं और उसे अपने शेयरधारकों के धन को शोषित करने की जरूरत नहीं पड़ती थी। इस तरह, उसके पास नए समाचार-पत्रों को खरीदने एवं अपने शेयरधारकों को और अधिक धनवान् बनाने के लिए बहुत अधिक नकदी होती थी।

हालाँकि वह बहुत अच्छी आय अर्जित करती थी, लेकिन उसे अपनी पूँजीगत आवश्यकताओं—शोध एवं विकास (रिसर्च एंड डेवलपमेंट) व आधारभूत ढाँचा (इन्फ्रास्ट्रक्चर) के लिए अपनी आय से भी अधिक अतिरिक्त धन एकत्रित करना पड़ता था। अपने विस्तार के वित्त-पोषण के लिए 'एटी एंड टी' नए शेयर व बॉण्ड जारी करती थी।

इस तरह, वॉरेन बफे यह पाठ पढ़ाने की कोशिश करते थे कि एक व्यवसाय बिना अधिक पूँजीगत आवश्यकताओं के भी अपना मूल्य-वर्धन कर पा रहा था; जबकि दूसरे व्यवसाय केवल इसलिए अपनी वृद्धि कर पा रहे थे, क्योंकि उनमें अतिरिक्त पूँजी का निवेश किया जा रहा था।

इस प्रकार की घटना का उदाहरण अमेरिकी मोटर वाहन कंपनी 'जनरल मोटर्स' के बारे में भी दिया जा सकता था। सन् 1985 के आरंभ से लेकर 1995 के अंत तक 'जनरल मोटर्स' की प्रति शेयर औसत आय लगभग 17.92 डॉलर थी और उसने प्रति शेयर 20.60 डॉलर का औसत लाभांश भुगतान किया था, लेकिन इस दौरान कंपनी को अपने व्यवसाय के रख-रखाव, सुधार व विस्तार के लिए कुल प्रति शेयर 102.34 डॉलर की पूँजीगत आवश्यकताओं की पूर्ति करनी पड़ी थी। इस प्रकार, 'जनरल मोटर्स' को इन दस वर्षों के बीच अपनी आय की तुलना में अधिक लाभांश भुगतान के लिए प्रति शेयर 2.68 डॉलर (20.60–17.92) के साथ पूँजीगत आवश्यकताओं के लिए प्रति शेयर 102.34 डॉलर का भी जुगाड़ करना पड़ा था।

> ***वॉरेन बफे यह पाठ पढ़ाने की कोशिश करते थे कि एक व्यवसाय बिना अधिक पूँजीगत आवश्यकताओं के भी अपना मूल्य-वर्धन कर पा रहा था; जबकि दूसरे व्यवसाय केवल इसलिए अपनी वृद्धि कर पा रहे थे, क्योंकि उनमें अतिरिक्त पूँजी का निवेश किया जा रहा था।***

अब सहज ही प्रश्न खड़ा होता है कि जनरल मोटर्स ने इतनी बड़ी राशि का जुगाड़ किस प्रकार किया था? जी हाँ, कंपनी के वित्तीय अभिलेख (फाइनेंशियल रिकॉर्ड्स) बताते हैं कि इस अवधि के दौरान उसने अपने ऋण खाते में लगभग 33 अरब डॉलर की राशि जोड़ी थी,

अर्थात् कंपनी ने प्रति शेयर लगभग 43.70 डॉलर का ऋण-बोझ बढ़ा लिया था। स्पष्ट है कि केवल ऋण से कंपनी की आवश्यकताएँ पूरी नहीं हुई थीं, इसलिए इस अवधि के दौरान कंपनी ने अपने सामान्य स्वामित्व (कॉमन स्टॉक) में से 13.20 करोड़ नए शेयर जारी किए थे। इसका परिणाम यह हुआ था कि इस अवधि के दौरान जनरल मोटर्स के प्रति शेयर खाता मूल्य/निवल मूल्य (बुक वैल्यू/नेटवर्थ) में 34.29 डॉलर की गिरावट आई थी। उसका प्रति शेयर खाता मूल्य सन् 1985 के 45.99 डॉलर के स्तर से गिरता हुआ 1995 में 11.70 डॉलर रह गया था।

लेकिन रोचक बात है कि जनरल मोटर्स के प्रति शेयर बाजार मूल्य में कोई गिरावट नहीं आई थी। वह वर्ष 1985 के शुरू में 40 डॉलर प्रति शेयर की दर पर खरीदा व बेचा जा रहा था और उन वर्षों के बाद भी उसका बाजार मूल्य उसी स्तर पर झूल रहा था।

लेकिन रोचक बात है कि जनरल मोटर्स के प्रति शेयर बाजार मूल्य में कोई गिरावट नहीं आई थी। वह वर्ष 1985 के शुरू में 40 डॉलर प्रति शेयर की दर पर खरीदा व बेचा जा रहा था और उन वर्षों के बाद भी उसका बाजार मूल्य उसी स्तर पर झूल रहा था। इसका अर्थ यह हुआ कि दस वर्षों की व्यावसायिक गतिविधियों के बावजूद जनरल मोटर्स ने अपने शेयरधारकों के पूँजी मूल्य में कोई बढ़त नहीं की, क्योंकि वह 33 अरब डॉलर के ऋण-बोझ और 13.20 करोड़ नए शेयर जारी कर मूल शेयरधारक के सारे पूँजी मूल्य को अपनी पूँजी आवश्यकताओं की पूर्ति में निगल गई तो मूल शेयरधारक को अपने निवेश पर क्या मिला ? बस, 20.60 डॉलर प्रति शेयर का लाभांश। यदि इसका कर पूर्व (प्री टैक्स) चक्रवृद्धि लाभ निकालें तो वह लगभग 5.8 प्रतिशत होगा। अब यदि इसमें कर व मुद्रास्फीति (इन्फ्लेशन) को

संयोजित कर दिया जाए तो पता चलेगा कि इन दस वर्षों में निवेशित पूँजी ने अपना वास्तविक मूल्य ही खो दिया।

और ऐसा इसलिए हुआ कि मोटर वाहन उद्योग की पूँजीगत आवश्यकताएँ ही भीषण होती हैं। चूँकि कार व ट्रक के प्रारूप लगातार बदलते रहे थे, इसलिए जनरल मोटर्स को नई आवश्यकताओं के अनुसार अपने विनिर्माण संयंत्रों को लगातार आधुनिक बनाए रखना पड़ा था। चूँकि उसकी पूँजीगत आवश्यकता की लागत उसकी कुल आय से अधिक थी, इसलिए उसे अपने ऊपर ऋण का बोझ भी बढ़ाना पड़ा था और नए शेयर जारी कर अतिरिक्त पूँजी भी इकट्ठा करनी पड़ी थी। इस तरह, स्वयं को व्यवसाय में बनाए रखने के लिए जनरल मोटर्स अपने शेयरधारकों की पूँजी का मूल्य-वर्धन कर पाने में बुरी तरह असफल रही।

यही कारण था कि वॉरेन बफे कभी भी जनरल मोटर्स जैसी कंपनियों के व्यवसाय में, अर्थात् मोटर वाहन वैसे व्यवसाय में—जिसे अपने को बनाए रखने के लिए शेयरधारक के मूल्य को व्यय करना पड़ता है—निवेश नहीं किया था।

यही कारण था कि वॉरेन बफे कभी भी जनरल मोटर्स जैसी कंपनियों के व्यवसाय में, अर्थात् मोटर वाहन वैसे व्यवसाय में—जिसे अपने को बनाए रखने के लिए शेयरधारक के मूल्य को व्यय करना पड़ता है—निवेश नहीं किया था। स्पष्ट है कि हमें भी ऐसे व्यवसाय में निवेश से बचना चाहिए, जिन्हें अपने आधारभूत ढाँचे और शोध एवं विकास पर लगातार पूँजीगत आवश्यकता होती है, क्योंकि ऐसे व्यवसाय में संलग्न कंपनियों का प्रबंधन भले ही कितना भी कुशल क्यों न हो, वे अपने शेयरधारकों को अपने पूँजी निवेश पर चक्रवृद्धि लाभ अर्जित करने का अवसर नहीं दे पाती हैं।

सातवाँ प्रश्न—क्या कंपनी प्रतिधारित आय को लाभकारी विकल्पों में पुनर्निवेशित कर पाने की स्थिति में है?

उत्कृष्ट व्यवसाय चुनने के क्रम में वॉरेन बफे हमेशा इस तथ्य की छानबीन करता रहा है कि क्या संबंधित कंपनी प्रतिधारित आय (रिटेंड इनकम) को लाभकारी विकल्पों में पुनर्निवेशित कर पाने की स्थिति में है? ध्यान रहे कि वॉरेन का मूल निवेश-दर्शन है—व्यावसायिक दृष्टिकोण से निवेश, अर्थात् वह निवेश, जो उसे अपनी पूँजी पर सामान्य से अधिक लाभ कमाने का अवसर प्रदान करे। सामान्य से अधिक लाभ कमाने का अर्थ ऐसे निवेश विकल्प से है, जो बैंक या सरकारी ऋण प्रपत्रों (गवर्नमेंट बॉण्ड्स) की तुलना में बिना किसी जोखिम के अधिक लाभ कमाने के अवसर प्रदान कर सके।

सामान्य से अधिक लाभ कमाने का अर्थ ऐसे निवेश विकल्प से है, जो बैंक या सरकारी ऋण प्रपत्रों (गवर्नमेंट बॉण्ड्स) की तुलना में बिना किसी जोखिम के अधिक लाभ कमाने के अवसर प्रदान कर सके।

मान लें, आप हर वर्ष 10 हजार रुपए की बचत करते हैं और उसे अपनी आलमारी में जमा करते जाते हैं तो दस वर्षों के बाद आपके पास कुल जमा राशि बढ़कर 1 लाख रुपए हो जाएगी। यदि आपने उसी बचत राशि को 5 प्रतिशत वार्षिक ब्याज देनेवाले किसी बैंक के आवर्ती जमा खाते (रेकरिंग डिपॉजिट अकाउंट) में जमा किया होता तो दसवें वर्ष के अंत में वह 1,32,067 रुपए हो जाती। मान लें, आपने वॉरेन की तरह 23 प्रतिशत वार्षिक चक्रवृद्धि लाभ अर्जित करनेवाले निवेश विकल्पों में अपनी बचत राशि का निवेश किया होता तो वही राशि दसवें वर्ष के अंत में बढ़कर 3,70,388 रुपए हो जाती और यदि इसी दर से आपने अपनी राशि को बीस वर्षों तक जमा किया होता

तो आपकी वास्तविक 2 लाख रुपए की जमा राशि 33,06,059 रुपए हो सकती थी, अर्थात् वॉरेन की कुशलता से निवेश करने पर 1 लाख रुपए की राशि दस वर्षों में 3,70,388 रुपए हो सकती है, अर्थात् आप अपने वास्तविक निवेश पर 2,70,388 रुपए की अतिरिक्त कमाई कर सकते हैं, लेकिन अगले दस वर्षों में आपको अपनी अतिरिक्त 1 लाख रुपए की बचत राशि पर 28,35,671 रुपए की अतिरिक्त कमाई का महान् अवसर मिल सकता है। यही तो है वॉरेन के चक्रवृद्धि लाभ का जादू! जो कंपनी आपके लाभांश को प्रतिधारित कर और अधिक लाभकारी उद्यमों में पुनर्निवेशित कर आपके दीर्घकालीन निवेश पर ऐसी जादुई कमाई दे सकती है, वही वॉरेन की नजर में 'उत्कृष्ट व्यवसाय' है।

यही तो है वॉरेन के चक्रवृद्धि लाभ का जादू! जो कंपनी आपके लाभांश को प्रतिधारित कर और अधिक लाभकारी उद्यमों में पुनर्निवेशित कर आपके दीर्घकालीन निवेश पर ऐसी जादुई कमाई दे सकती है, वही वॉरेन की नजर में 'उत्कृष्ट व्यवसाय' है।

जी हाँ, वॉरेन ने अपनी नियंत्रक कंपनी बर्कशायर हैथवे में ऐसा ही तो किया है। उन्होंने अपने निवेशकों को हर वर्ष के अंत में लाभांश का भुगतान नहीं किया, बल्कि उसे अधिक लाभकारी उद्यमों में पुनर्निवेशित किया और निवेशकों को अपने शेयर मूल्य में औसत 23 प्रतिशत से भी बहुत अधिक चक्रवृद्धि लाभ अर्जित कर सकने का अवसर प्रदान किया। याद रहे, वॉरेन ने अपने इस जादुई निवेश-दर्शन को उन कंपनियों में भी लागू किया है, जिनमें उसने अल्पसंख्यक स्वामित्व हिस्सेदारियाँ खरीदी थीं। उदाहरण के लिए, 'कैपिटल सिटीज' को लें, तो डिज्नी में विलय से पहले उसने क्या किया था? 'कैपिटल सिटीज' ने अपने भारी नकदी प्रवाहवाले केबल टी.वी. व्यवसाय से

अर्जित आय को प्रतिधारित किया था और उसका उपयोग कर 'ए.बी. सी. समूह' का दूरदर्शन संजाल खरीदा था, जो अपने आप में भारी नकदी प्रवाह वाला व्यवसाय था, अर्थात् 'कैपिटल सिटीज' ने अपने शेयरधारकों के प्रतिधारित लाभांश को और अधिक लाभकारी निवेश विकल्प में पुनर्निवेशित किया था। 'ए.बी.सी. समूह' एक प्रकार की उपभोक्ता एकाधिकार कंपनी थी, क्योंकि उस समय टी.वी. व्यवसाय करनेवाली कंपनियों का बाजार क्षेत्र संघीय सरकार के कानून से सुरक्षित था और आज जैसी बाजार प्रतिस्पर्धा नहीं थी। चूँकि दूरदर्शन केंद्र स्थापित करने के लिए केवल शुरुआती पूँजी निवेश की जरूरत पड़ती है और वह अगले चालीस वर्षों तक टिक सकती है, इसलिए 'ए.बी.सी. समूह' अपने शेयरधारकों की प्रतिधारित आय को पूँजीगत आवश्यकताओं में व्यय करने की बजाय अधिक लाभकारी उद्यम में पुनर्निवेशित कर पाने की स्थिति में था।

> ***'ए.बी.सी. समूह' एक प्रकार की उपभोक्ता एकाधिकार कंपनी थी, क्योंकि उस समय टी.वी. व्यवसाय करनेवाली कंपनियों का बाजार क्षेत्र संघीय सरकार के कानून से सुरक्षित था और आज जैसी बाजार प्रतिस्पर्धा नहीं थी।***

हालाँकि बाद में प्रतिस्पर्धा बढ़ने के कारण टी.वी. संजाल व्यवसाय उस समय की तरह बहुत अधिक लाभकारी नहीं रहा था, फिर भी वॉरेन लंबे समय तक उसे उत्कृष्ट व्यवसायों में ही गिनते रहे थे, क्योंकि अमेरिका के किसी भी बाजार क्षेत्र में मुख्य प्रतिस्पर्धी कंपनियों की संख्या तीन (ए.बी.सी., सी.बी.एस. व एन.बी.सी.) ही रही थी और वे अपने हिस्से का विज्ञापन अर्जित कर पाने में सक्षम थीं। कमोबेश जनसंचार माध्यम व्यवसाय (मीडिया बिजनेस) में आज भी ऐसी ही स्थिति बनी हुई है और यह व्यवसाय दीर्घकालीन निवेश की दृष्टि से

अधिक लाभकारी है। चूँकि इस व्यवसाय की पूँजीगत आवश्यकताएँ सीमित हैं, इसलिए वह शेयरधारकों की प्रतिधारित आय से अपने बाजार विस्तार को वित्त-पोषित कर सकता है और उन्हें लंबे समय में चक्रवृद्धि लाभ अर्जित करने का अवसर दे सकता है।

आठवाँ प्रश्न—क्या कंपनी अपने उत्पाद मूल्य में मुद्रास्फीति को समायोजित करने के लिए स्वतंत्र है?

> ***हम सभी जानते हैं कि मुद्रास्फीति उत्पादों व सेवाओं के मूल्यों में वृद्धि का बड़ा कारण है; लेकिन सभी व्यवसाय अपने उत्पादों व सेवाओं के बाजार मूल्य में मुद्रास्फीति को समायोजित करने की स्थिति में नहीं होते हैं।***

हम सभी जानते हैं कि मुद्रास्फीति उत्पादों व सेवाओं के मूल्यों में वृद्धि का बड़ा कारण है; लेकिन सभी व्यवसाय अपने उत्पादों व सेवाओं के बाजार मूल्य में मुद्रास्फीति को समायोजित करने की स्थिति में नहीं होते हैं। अब, यदि वस्तु संबंधी व्यवसाय (कमोडिटी बिजनेस) की स्थिति का विचार करें तो पता चलता है कि श्रम व कच्चे माल की लागत बढ़ने के बावजूद अधिक उत्पादन की स्थिति में इस क्षेत्र की कंपनियाँ अपने उत्पादों के मूल्यों में मुद्रास्फीति को समायोजित करने की बजाय उसे गिराने के लिए मजबूर हो जाती हैं। स्पष्ट है कि वे स्वयं को बाजार में बनाए रखने के लिए अपनी उत्पादन लागत से भी कम मूल्य पर उत्पादों को बेचने की कोशिश में शेयरधारकों की प्रतिधारित आय से अपने घाटे को वित्त-पोषित करती हैं और जब इससे भी उनकी पूँजीगत आवश्यकताएँ पूरी नहीं होती हैं तो अपने ऊपर ऋण का बोझ बढ़ाती हैं या फिर नए शेयर जारी कर आवश्यक पूँजी इकट्ठा करती हैं। इसका परिणाम यह होता है कि कंपनी का खाता मूल्य/निवल मूल्य गिरता जाता है और वह अपने शेयरधारकों के पूँजी निवेश के मूल्य को

बढ़ा पाने की स्थिति में नहीं होती हैं।

विमानन व्यवसाय में भी समय-समय पर ऐसी ही स्थितियाँ आती हैं। विमानन कंपनियों की सभी प्रकार की स्थिर लागतें (फिक्स्ड कॉस्ट) मुद्रास्फीति बढ़ने के कारण बढ़ती रहती हैं और जब इन कंपनियों के बीच प्रतिस्पर्धा शुरू होती है तो उन्हें स्वयं को व्यवसाय में बनाए रखने के लिए अपनी वास्तविक लागत से भी कम मूल्य पर टिकटें बेचनी पड़ती हैं। स्पष्ट है कि वे भी शेयरधारकों की प्रतिधारित आय को अपनी पूँजीगत आवश्यकताओं की पूर्ति के लिए उपयोग करने, ऋण का बोझ बढ़ाने और नए शेयर जारी कर अतिरिक्त पूँजी का जुगाड़ करने के लिए मजबूर होती हैं। ऐसी स्थिति में उनके पास लाभकारी विकल्पों में पुनर्निवेश करने के लिए पूँजी ही नहीं बच पाती है और वे शेयरधारकों के मूल पूँजी निवेश का उचित मूल्य-वर्धन नहीं कर पाती हैं।

विमानन व्यवसाय में भी समय-समय पर ऐसी ही स्थितियाँ आती हैं। विमानन कंपनियों की सभी प्रकार की स्थिर लागतें (फिक्स्ड कॉस्ट) मुद्रास्फीति बढ़ने के कारण बढ़ती रहती हैं और जब इन कंपनियों के बीच प्रतिस्पर्धा शुरू होती है तो उन्हें स्वयं को व्यवसाय में बनाए रखने के लिए अपनी वास्तविक लागत से भी कम मूल्य पर टिकटें बेचनी पड़ती हैं।

जी हाँ, वॉरेन ऐसे व्यवसायों से स्वयं को दूर ही रखते हैं, जो शेयरधारकों की प्रतिधारित आय को अधिक लाभकारी विकल्पों में पुनर्निवेशित कर पाने की स्थिति में नहीं होते हैं; क्योंकि वह अपने उत्पादों के मूल्यों में मुद्रास्फीति को संयोजित करने के लिए स्वतंत्र नहीं होते हैं।

नौवाँ प्रश्न—क्या प्रतिधारित आय द्वारा जोड़ा गया मूल्य कंपनी

के बाजार मूल्य में वृद्धि करता है ?

वॉरेन के गुरु बेंजामिन ग्राहम ने भी अपने पेशेवर जीवन के अंतिम वर्षों में कहा था कि पूँजी बाजार दो घटकों से बना हुआ है। पहला दीर्घकालीन निवेश (लॉन्ग टर्म इन्वेस्टमेंट) केंद्रित है, जो समय के साथ कंपनी की स्वामित्व हिस्सेदारी (शेयर) का बाजार मूल्य आंतरिक मूल्य को प्रतिबिंबित करेगा, लेकिन दूसरा घटक जुआघर जैसा है, जहाँ लोग बाजार मूल्यों के लघुकालिक उतार-चढ़ाव पर दाँव लगाते हैं।

ग्राहम का मानना था कि बाजार के जुआघर हिस्से के समीकरण पर ऐसी संस्थाओं व लोगों का दबदबा होता है, जो शेयर के मूल्य पर दैनिक सूचनाओं के प्रभाव पर अटकलबाजियाँ करते हैं। साथ ही ग्राहम का यह भी मानना था कि बाजार का यह जुआघर पहलू ही धैर्यवान् निवेशकों को, जिनका ध्यान दीर्घकालीन निवेश पर केंद्रित होता है, अपनी कारीगरी का अभ्यास करने का अवसर प्रदान करता है। कुछ समय के लिए जब बाजार पर जुआरी मानसिकतावाली संस्थाओं पर लोगों के डर व लालच का दबदबा होता है, तब बाजार मूल्य भी अतार्किक रूप से गिर जाते हैं, जो धैर्यवान् निवेशकों को कंपनियों के शेयर को आंतरिक मूल्य से भी कम

ग्राहम का मानना था कि बाजार के जुआघर हिस्से के समीकरण पर ऐसी संस्थाओं व लोगों का दबदबा होता है, जो शेयर के मूल्य पर दैनिक सूचनाओं के प्रभाव पर अटकलबाजियाँ करते हैं। साथ ही ग्राहम का यह भी मानना था कि बाजार का यह जुआघर पहलू ही धैर्यवान् निवेशकों को, जिनका ध्यान दीर्घकालीन निवेश पर केंद्रित होता है, अपनी कारीगरी का अभ्यास करने का अवसर प्रदान करता है।

पर खरीदने का अवसर प्रदान करते हैं।

निश्चित रूप से, वॉरेन ने भी अपने पेशेवर जीवन में अपने गुरु के इस सिद्धांत को ही अपनाया था, लेकिन उसमें कुछ जोड़ भी किया था। वॉरेन का मानना रहा है कि यदि कंपनी सही ढंग से पूँजी का आवंटन करे और अपने खाता मूल्य/निवल मूल्य को लगातार बढ़ाती रहे तो बाजार की दीर्घकालीन निवेश प्रवृत्ति उसे कंपनी के शेयर के बाजार मूल्य में लगातार प्रतिबिंबित करती रहेगी। वॉरेन की अपनी कंपनी बर्कशायर हैथवे में ऐसा ही हुआ था। कंपनी शेयरधारकों की आय को लाभकारी निवेशों में आवंटित कर अपने खाता मूल्य को बढ़ाती रही थी, जो शेयर के बाजार मूल्य में प्रतिबिंबित होती रही थी। यही कारण था कि उत्कृष्ट कंपनियों की खोजबीन करते समय वॉरेन इस तथ्य की जाँच भी अवश्य करते थे कि प्रतिधारित आय द्वारा जोड़ा गया मूल्य कंपनी के बाजार मूल्य में वृद्धि करता है या नहीं।

...और इन्हीं नौ प्रश्नों ने वॉरेन बफे को उत्कृष्ट कंपनियों को चुनने और उनमें दीर्घकालिक निवेश के माध्यम से जादुई चक्रवृद्धि लाभ कमाने के अवसर खोजने में सफल बनाया था।

□

5

मंदी में निवेश के अवसर

वॉरेन बफे की निवेश रणनीति के बारे में सबसे रोचक तथ्य यही है कि जब शेयर बाजार मंदड़िया सट्टेबाजों के कब्जे में आ जाता था और चारों तरफ निराशा का वातावरण अपने चरम पर पहुँचा था, तब वह मोटी खरीदारी कर सबको चौंकने के लिए मजबूर करता था। जब 1970 के दशक के अंतिम वर्षों में 'सलाद-तेल घोटाले' के कारण प्रमुख बैंक अमेरिकन एक्सप्रेस के शेयरों के बाजार मूल्य में भारी गिरावट आई थी, तब वॉरेन ने उसमें भारी निवेश किया था। बाजार मूल्य की ऐसी ही अतार्किक गिरावट की स्थिति में वॉरेन ने 1960 के दशक में मोटर वाहन-बीमा कंपनी जी.ई.सी.ओ. (गवर्नमेंट एंप्लॉई इंश्योरेंस कंपनी) और 1990 के दशक के शुरू में वेल्स फार्गो बैंक की स्वामित्व हिस्सेदारियाँ खरीदी थीं।

जैसा कि पिछले अध्याय में हम पढ़ चुके हैं, वॉरेन के गुरु बेंजामिन ग्राहम का मानना था कि चूँकि शेयर बाजार के अधिकांश खिलाड़ी लघु अवधि उन्मुख (शॉर्ट टर्म ओरिएंटेड) थे, इसलिए वे शेयर के मूल्यांकन में ताजा घटनाओं को 90 प्रतिशत तक महत्त्व देते थे। कहने का तात्पर्य यह है कि यदि किसी कंपनी का कोई तिमाही, छमाही या वार्षिक परिणाम किसी विशेष कारण से खराब रहा तो शेयर बाजारों में

बहुमत व दबदबा रखनेवाले सट्टेबाज मानसिकतावाले खिलाड़ी उस कंपनी के शेयरों की भारी बिकवाली कर उसके बाजार मूल्य को गिरा देते हैं, भले ही वह कंपनी पिछले कई वर्षों से लगातार बहुत अच्छा प्रदर्शन करती आ रही हो। ग्राहम का मानना था कि यही वह स्थिति होती है, जब जो दीर्घकालिक दृष्टिकोण रखनेवाले धैर्यवान् निवेशकर्ताओं के लिए बड़े अवसर प्रदान करती है। वॉरेन अपने पेशेवर जीवन में लगातार ऐसा ही करते आ रहे हैं।

वॉरेन की कुछ ऐतिहासिक खरीदारियाँ

उदाहरण के लिए, दूरदर्शन व समाचार-पत्र उद्योग अपनी आय के लिए लगभग पूरी तरह से विज्ञापन पर ही निर्भर करता है; जबकि विज्ञापन की दरें एवं राजस्व समूची अर्थव्यवस्था की व्यावसायिक गतिविधियों के साथ ऊपर-नीचे जा सकता है। यदि अर्थव्यवस्था में मंदी आती है तो व्यावसायिक गतिविधियों के साथ-साथ विज्ञापन राजस्व में गिरावट आती है और दूरदर्शन व समाचार उद्योग की आय घट जाती है। ऐसी स्थिति में राजस्व में गिरावट को देखकर शेयर बाजार में प्रतिक्रिया होती है और लघु अवधि उन्मुख सट्टेबाजी मानसिकतावाले खिलाड़ी संबंधित दूरदर्शन या समाचार-पत्र कंपनियों के शेयर बेचने लगते हैं, जिससे उसके बाजार मूल्य गिर जाते हैं।

ग्राहम का मानना था कि यही वह स्थिति होती है, जब जो दीर्घकालिक दृष्टिकोण रखनेवाले धैर्यवान् निवेशकर्ताओं के लिए बड़े अवसर प्रदान करती है। वॉरेन अपने पेशेवर जीवन में लगातार ऐसा ही करते आ रहे हैं।

वर्ष 1990 में कैपिटल सिटीज/ए.बी.सी. इंक. के साथ ऐसा ही

हुआ था। रोचक तथ्य यह है कि उस समय कैपिटल सिटीज ने घोषणा की थी कि सन् 1990 में भी उसका शुद्ध लाभ 1989 के बराबर ही रहेगा। इतना ही नहीं, कैपिटल सिटीज की प्रति शेयर आय भी लगातार लगभग 27 प्रतिशत की दर से बढ़ती आ रही थी। लेकिन राष्ट्रीय आर्थिक मंदी के चलते विज्ञापन राजस्व में गिरावट आने लगी थी, अतः छह महीने के भीतर कैपिटल सिटीज के शेयर के बाजार मूल्य 63.30 डॉलर प्रति शेयर से घटकर 38 डॉलर पर आ गए थे। इस तरह, केवल यह घोषणा किए जाने के कारण कि विज्ञापन राजस्व में तात्कालिक गिरावट के कारण उसकी शुद्ध आय पिछले वर्ष के स्तर पर रहेगी, सट्टेबाजों ने भारी बिकवाली शुरू कर दी थी और कैपिटल सिटीज ने अपना 40 प्रतिशत शेयर बाजार मूल्य खो दिया। याद रहे कि सन् 1995 में जब कैपिटल सिटीज एवं वॉल्ट डिज्नी कंपनी ने विलय की आपसी सहमति की घोषणा की थी, तब शेयर बाजार में अचानक कैपिटल सिटीज की खरीदारी शुरू हो गई थी और उसका प्रति शेयर बाजार मूल्य 125 डॉलर के स्तर पर पहुँच गया था। स्पष्ट है कि वॉरेन की तरह यदि आपने भी सन् 1990 में 38 डॉलर प्रति शेयर की दर से कैपिटल सिटीज को खरीदा होता और 1995 में 125 डॉलर प्रति शेयर के बाजार मूल्य पर बेचा होता तो प्रति शेयर 87 डॉलर के लाभ के अनुसार आपको कर-पूर्व लगभग 26 प्रतिशत प्रति वर्ष का चक्रवृद्धि लाभ कमाने का अवसर मिल गया था।

याद रहे कि सन् 1995 में जब कैपिटल सिटीज एवं वॉल्ट डिज्नी कंपनी ने विलय की आपसी सहमति की घोषणा की थी, तब शेयर बाजार में अचानक कैपिटल सिटीज की खरीदारी शुरू हो गई थी और उसका प्रति शेयर बाजार मूल्य 125 डॉलर के स्तर पर पहुँच गया था।

वेल्स फार्गो—जी हाँ, इस तरह की घटनाएँ साहूकारी उद्योग (बैंकिंग इंडस्ट्री) में हो सकती हैं। ब्याज दरों में बदलाव वर्ष विशेष में बैंक की आय में उतार-चढ़ाव का कारण बन सकता है। वैसे भी, रियल एस्टेट की ही तरह साहूकारी उद्योग भी उत्थान-पतन के चक्र के प्रभाव में आ जाने के लिए अति संवेदनशील है। रियल एस्टेट बाजार में बड़े विस्तार के तुरंत बाद बड़ा संकुचन (कॉण्ट्रेक्शन) की अवधियाँ और उसके बाद अपेक्षाकृत शांति की लंबी अवधियाँ भी आती रहती हैं, लेकिन उद्योग व्यापी मंदी की स्थिति, बैंक विशेष के गलत व्यापार-व्यवहार के कारण दिवालिया हो जाने से बिलकुल अलग होती है और यदि वेल्स फार्गो जैसा बड़ा बैंक ऐसी स्थिति में फँस जाए तो उसकी समस्या मध्यम आकार के बैंक की तुलना में और अधिक गंभीर होती है। बड़े बैंक का दिवालियापन राष्ट्रीय या विश्व अर्थव्यवस्था में भी भूचाल ला सकता है, जबकि मध्यम स्तरीय बैंक के डूबने का असर संबंधित क्षेत्र तक ही सीमित रहता है।

इस तरह की घटनाएँ साहूकारी उद्योग (बैंकिंग इंडस्ट्री) में हो सकती हैं। ब्याज दरों में बदलाव वर्ष विशेष में बैंक की आय में उतार-चढ़ाव का कारण बन सकता है। वैसे भी, रियल एस्टेट की ही तरह साहूकारी उद्योग भी उत्थान-पतन के चक्र के प्रभाव में आ जाने के लिए अति संवेदनशील है।

वास्तव में, बड़े बैंक वाणिज्यिक जगत् के प्रमुख खिलाड़ी होते हैं और वे संबंधित अर्थव्यवस्थाओं को स्थायी और जीवन-आधार प्रदान करनेवाले आश्रय-स्थल की तरह होते हैं। वे न केवल व्यक्ति विशेषों एवं व्यावसायिक इकाइयों के साथ हजारों करोड़ रुपए का व्यवसाय करते हैं, बल्कि छोटे बैंकों के बैंक की भी भूमिका निभाते हैं। धन-केंद्र (मनी

सेंटर) की तरह काम करनेवाले ये बड़े बैंक संबंधित अर्थव्यवस्था के वित्तीय संस्थानों के विशिष्ट समूह होते हैं, जिन्हें सरकारी खजाने (गवर्नमेंट ट्रेजरी) से ऋण प्रतिभूति (डेट सिक्योरिटीज/बॉण्ड्स) खरीदने और फिर दूसरे बैंकों या वित्तीय संस्थाओं को बेचने की अनुमति प्रदान की जाती है। संबंधित देश की मौद्रिक नीति (मॉनेटरी पॉलिसी) व मुद्रा बाजार (मनी मार्केट) को नियंत्रित करनेवाले केंद्रीय बैंक की दृष्टि में धन-केद्रों के रूप में काम करनेवाला विशिष्ट समूह वित्तीय ब्रह्मांड (फाइनेंशियल यूनिवर्स) की तरह होता है। यदि इस समूह में से किसी बैंक का संचालन कमजोर पड़ता है और वह दिवालिया होने की स्थिति में पहुँच जाता है तो केंद्रीय बैंक (जैसे—भारतीय रिजर्व बैंक, अमेरिका का फेडरल रिजर्व सिस्टम आदि) उसे दूसरे धन-केंद्र बैंक में विलय के लिए अपनी पूरी शक्ति झोंक देता है; लेकिन मंदी की स्थिति में जब सभी बैंक समस्याओं में घिरे होते हैं तो केंद्रीय बैंकों के पास एकमात्र समाधान यही होता है कि वे अपने खजाने से पर्याप्त मुद्रा आपूर्ति (मनी सप्लाई) कर धन-केंद्रों-बैंकों को चालू बनाए रखने की हर संभव कोशिश करें।

> ***संबंधित देश की मौद्रिक नीति (मॉनेटरी पॉलिसी) व मुद्रा बाजार (मनी मार्केट) को नियंत्रित करनेवाले केंद्रीय बैंक की दृष्टि में धन-केद्रों के रूप में काम करनेवाला विशिष्ट समूह वित्तीय ब्रह्मांड (फाइनेंशियल यूनिवर्स) की तरह होता है।***

याद रहे कि छोटे बैंक विशिष्ट समूह के बड़े बैंकों से उधार लेते हैं। सभी केंद्रीय बैंकों के पास डिस्काउंट विंडो होती है, जहाँ समस्या व धन उधारी की आवश्यकता आने पर बैंक परंपरागत रूप से पहुँचते हैं। यह छूट खिड़की बैंक के लिए सस्ते धन का स्रोत होती है। वे केंद्रीय बैंक से सस्ते में उधार लेते हैं और फिर लाभ अर्जित करने के लिए उसे

दूसरे बैंक, व्यक्ति विशेष या व्यावसायिक इकाइयों को ऋण जारी करते हैं; लेकिन जब अर्थव्यवस्था व साहूकारी उद्योग की गतिविधियाँ सामान्य होती हैं, फिर भी कोई बैंक बार-बार छूट खिड़की पर पहुँचता है तो केंद्रीय बैंक के नियामक (रेगुलेटर) उसे वहाँ से भगा देने की कोशिशें करते हैं, लेकिन राष्ट्र व्यापी या विश्व व्यापी मंदी की स्थितियों में केंद्रीय बैंक के माध्यम से अपेक्षित उधार जारी कर यह सुनिश्चित करता है कि ये विशिष्ट समूह के बैंक अपना कारोबार जारी रख सकें।

ध्यान रहे कि देश व्यापी मंदी की स्थिति में हरेक को नुकसान होता है, लेकिन 'मजबूत' बचे रहते हैं और 'कमजोर' आर्थिक परिदृश्य से बाहर चले जाने के लिए मजबूर हो जाते हैं। जब वर्ष 1990-91 में अमेरिका में रियल एस्टेट बाजार में राष्ट्र व्यापी मंदी की स्थिति आई थी, तब वेल्स फार्गो को संभावित ऋण घाटे की भरपाई के लिए अपने खाते में 1.30 अरब डॉलर से अधिक का प्रावधान करना पड़ा था।

ध्यान रहे कि देश व्यापी मंदी की स्थिति में हरेक को नुकसान होता है, लेकिन 'मजबूत' बचे रहते हैं और 'कमजोर' आर्थिक परिदृश्य से बाहर चले जाने के लिए मजबूर हो जाते हैं। जब वर्ष 1990-91 में अमेरिका में रियल एस्टेट बाजार में राष्ट्र व्यापी मंदी की स्थिति आई थी, तब वेल्स फार्गो को संभावित ऋण घाटे की भरपाई के लिए अपने खाते में 1.30 अरब डॉलर से अधिक का प्रावधान करना पड़ा था। उस समय वेल्स फार्गो का प्रति शेयर खाता मूल्य 55 डॉलर था, जिसमें 25 डॉलर का डर घाटा-समायोजन प्रावधान करना पड़ा था। वास्तव में, जब कोई बैंक अपने संभावित घाटे की भरपाई की निधि (फंड) को अलग रखता है तो इसका अर्थ यह नहीं

होता है कि उसे घाटा हो गया। इसका अर्थ यह होता है कि बैंक संभावित घाटे की स्थिति से निपटने के लिए पूरी तरह तैयार है। इसका अर्थ यह भी हुआ कि यदि बैंक को सचमुच में घाटा उठाना भी पड़ेगा तो उसके खाता मूल्य में प्रति शेयर 28 डॉलर बचा रहेगा। अंतत: वेल्स फार्गो को वह घाटा उठाना भी पड़ा था; लेकिन उसके लिए वह स्थिति इसलिए अधिक बुरी नहीं थी, क्योंकि वह उससे निपटने के लिए पहले से ही तैयार था। हालाँकि सन् 1991 में उस घाटा-संयोजन प्रावधान ने वेल्स फार्गो की अधिकांश आय को निगल लिया था, फिर भी वह 2.10 करोड़ डॉलर (प्रति शेयर 0.04 डॉलर) का शुद्ध लाभ अर्जित कर पाने में सफल रहा था।

अनुमान लगाएँ कि ऐसी स्थिति में शेयर बाजार में क्या प्रतिक्रिया होगी? स्पष्ट है कि शेयर बाजार में दबदबा रखनेवाले सट्टेबाज मानसिकतावाले बहुमत की प्रतिक्रिया नकारात्मक रही थी और उस समुदाय ने यही आकलन किया था कि वेल्स फार्गो कोई क्षेत्रीय बैंक था, जो दिवालिया होने की ओर बढ़ रहा था।

अनुमान लगाएँ कि ऐसी स्थिति में शेयर बाजार में क्या प्रतिक्रिया होगी? स्पष्ट है कि शेयर बाजार में दबदबा रखनेवाले सट्टेबाज मानसिकतावाले बहुमत की प्रतिक्रिया नकारात्मक रही थी और उस समुदाय ने यही आकलन किया था कि वेल्स फार्गो कोई क्षेत्रीय बैंक था, जो दिवालिया होने की ओर बढ़ रहा था। इसका परिणाम यह आया था कि 'डर व लालच' से प्रेरित सट्टेबाजों ने वेल्स फार्गो की बिकवाली शुरू कर दी थी और चार महीने के भीतर वेल्स फार्गो का बाजार मूल्य 86 डॉलर की ऊँचाई से गिरकर 41.30 डॉलर प्रति शेयर रह गया था। इस तरह, वेल्स फार्गो को प्रति शेयर 52 प्रतिशत शेयर बाजार-मूल्य

खोना पड़ा था, क्योंकि शेयर बाजार के सट्टेबाजों ने यह अनुमान लगाया था कि सन् 1991 में बैंक कोई कमाई नहीं करने वाला था।

लेकिन यही वह स्थिति थी, जिसने वॉरेन बफे जैसे धैर्यवान् दीर्घकालिक निवेशकर्ताओं को भारी निवेश का अवसर प्रदान किया था। चूँकि वॉरेन को बहुत अच्छी तरह से पता था कि वेल्स फार्गो कोई क्षेत्रीय बैंक नहीं, बल्कि तब वह अमेरिका का आठवाँ सबसे बड़ा बैंक था, जिसे अमेरिकी केंद्रीय बैंक फेडरल रिजर्व किसी भी स्थिति में दिवालिया नहीं होने देगा। वैसे भी, वेल्स फार्गो रियल एस्टेट बाजार के स्वाभाविक उत्थान-पतन चक्र के कारण आई राष्ट्र व्यापी मंदी के कारण होनेवाले घाटे से निपटने के लिए पूरी तरह तैयार था और उस कठिन स्थिति में लाभ अर्जित करने में सक्षम था। इसलिए वॉरेन ने वेल्स फार्गो के शेयर खरीदने शुरू किए थे और अंतत: 50 लाख शेयर खरीदकर 10 प्रतिशत हिस्सेदारी को अपने कब्जे में ले लिया था। उस खरीदारी में वॉरेन को औसत 57.80 डॉलर प्रति शेयर की लागत आई थी। जी हाँ, वॉरेन को पता था कि वेल्स फार्गो का प्रति शेयर खाता मूल्य जल्द ही पुराने स्तर पर आ जाएगा और उसके शेयर का बाजार मूल्य 86 डॉलर के पुराने स्तर को प्राप्त कर लेगा। याद रहे कि सन् 1997 में वेल्स

लेकिन यही वह स्थिति थी, जिसने वॉरेन बफे जैसे धैर्यवान् दीर्घकालिक निवेशकर्ताओं को भारी निवेश का अवसर प्रदान किया था। चूँकि वॉरेन को बहुत अच्छी तरह से पता था कि वेल्स फार्गो कोई क्षेत्रीय बैंक नहीं, बल्कि तब वह अमेरिका का आठवाँ सबसे बड़ा बैंक था, जिसे अमेरिकी केंद्रीय बैंक फेडरल रिजर्व किसी भी स्थिति में दिवालिया नहीं होने देगा।

फार्गो का बाजार मूल्य 270 डॉलर प्रति शेयर के स्तर पर पहुँच गया था, अर्थात् 1990 के अपने निवेश पर वॉरेन को कर पूर्व 24.6 प्रतिशत वार्षिक चक्रवृद्धि लाभ कमाने का अवसर मिल गया था।

लेकिन वॉरेन ने बाद में भी वेल्स फार्गो में अपनी हिस्सेदारी नहीं बेची थी, क्योंकि वह उसे महान् संगठनों में गिनते हैं। वर्ष 2008 में हाउसिंग बबल फटने के बाद रियल एस्टेट बाजार धराशायी हुआ था और अमेरिका सहित विश्व व्यापी आर्थिक मंदी का संकट आया था तो अमेरिकी सरकार के खजाना विभाग (डिपार्टमेंट ऑफ ट्रेजरी) ने 'आपातकालीन आर्थिक स्थिरीकरण अधिनियम' (इमरजेंसी इकोनॉमिक स्टेबिलाइजेशन ऐक्ट) के तहत उसकी हिस्सेदारी खरीदकर उसे 25 अरब डॉलर की स्थिरीकरण राशि प्रदान की थी। इस बीच बैंक कुछ विवादों में फँस गया और कई मामलों में दोषी भी पाया गया; लेकिन वॉरेन ने अपनी स्वामित्व हिस्सेदारी नहीं बेची।

वर्ष 2008 में हाउसिंग बबल फटने के बाद रियल एस्टेट बाजार धराशायी हुआ था और अमेरिका सहित विश्व व्यापी आर्थिक मंदी का संकट आया था तो अमेरिकी सरकार के खजाना विभाग (डिपार्टमेंट ऑफ ट्रेजरी) ने 'आपातकालीन आर्थिक स्थिरीकरण अधिनियम' (इमरजेंसी इकोनॉमिक स्टेबिलाइजेशन ऐक्ट) के तहत उसकी हिस्सेदारी खरीदकर उसे 25 अरब डॉलर की स्थिरीकरण राशि प्रदान की थी।

इस तरह वॉरेन बफे का निवेश पाठ है—यदि आपने ऐसी कंपनियों की पहचान कर ली है, जिनका प्रबंधन उत्कृष्ट है या जो उपभोक्ता एकाधिकार या फिर दोनों ही है तो

यह भविष्यवाणी कर पाना संभव हो जाता है कि वे न केवल मंदी में जीवित बची रह सकती हैं, बल्कि पहले से भी अधिक मजबूत स्थिति में आ सकती हैं। ध्यान रहे कि मंदी 'कमजोर' के लिए कठिन परिस्थितियाँ उत्पन्न करती है, लेकिन 'मजबूत' के लिए रास्ता साफ कर देती है कि स्थिति सुधरने पर पहले से अधिक बड़ी बाजार हिस्सेदारी प्राप्त कर सके। इसलिए जब मंदी के चरम पर सट्टेबाजी करनेवाले ऐसी कंपनियाँ के शेयर के बाजार मूल्य को गिरा देते हैं, तब वॉरेन जैसे धैर्यवान् निवेशकर्ता जमकर खरीदारी करते हैं।

ध्यान रहे कि मंदी 'कमजोर' के लिए कठिन परिस्थितियाँ उत्पन्न करती है, लेकिन 'मजबूत' के लिए रास्ता साफ कर देती है कि स्थिति सुधरने पर पहले से अधिक बड़ी बाजार हिस्सेदारी प्राप्त कर सके।

जी.ई.सी.ओ.—कई बार उपभोक्ता एकाधिकार की स्थितियों का लाभ अर्जित करनेवाली कंपनियाँ भी अपनी गलतियों के कारण वॉरेन जैसे सूझ-बूझ निवेशकर्ताओं को खरीदारी के अवसर प्रदान करती हैं, जैसे—मोटर वाहन बीमा कंपनी जी.ई.सी.ओ. (गवर्नमेंट एंप्लॉई इंश्योरेंस कंपनी)। वर्ष 1936 से लेकर 1970 के मध्य तक जी.ई.सी.ओ. ने बिना किसी बिचौलिया प्रतिनिधि के कम लागत पर परिचालन करते हुए चुनिंदा मोटर वाहन चालकों के बीमा के माध्यम से अपना सौभाग्य निर्माण किया था; लेकिन 1970 के दशक की शुरुआत में कंपनी के नए प्रबंधन ने कारोबार विस्तार के लिए 'हर किसी का' बीमा करने का फैसला किया था। इसका परिणाम यह हुआ था कि जी.ई.सी.ओ. ने बहुत बड़ी संख्या में ऐसे मोटर वाहन चालकों के बीमे कर दिए थे, जो 'दुर्घटना संभावित' (एक्सिडेंट प्रोन) थे। स्पष्ट है कि कंपनी को पहले की तुलना में बहुत अधिक दुर्घटनाओं में बीमा भुगतान

करना पड़ रहा था। यही कारण था कि वर्ष 1975 में जी.ई.सी.ओ. ने 12.60 करोड़ डॉलर का शुद्ध घाटा दर्ज किया था। कंपनी का बाजार मूल्य 42 डॉलर प्रति शेयर के उच्च स्तर से गिरकर 5 डॉलर रह गया था और वह दिवालिया होने के कगार पर खड़ी हो गई थी।

इस संकट से निपटने के लिए जी.ई.सी.ओ. के निदेशक मंडल ने जॉन जे. बायरन को कंपनी का नया अध्यक्ष नियुक्त किया था। बायरन ने काम सँभालते ही कंपनी में निवेश के लिए वॉरेन बफे से संपर्क किया है। तब वॉरेन ने बायरन से एकमात्र प्रश्न यह किया था कि क्या कंपनी किसी भी वाहन चालक का बीमा करने का अलाभकारी व्यापार-व्यवहार जारी रखेगी या फिर केवल 'चुनिंदा' वाहन चालकों को बीमा करने की तथा कम लागत पर सीधे काम करने की अपनी पुरानी समय-सिद्ध व्यापार रणनीति (टाइम टेस्टेड बिजनेस स्ट्रेटजी) को फिर से अपनाएगी? जब बायरन ने यह आश्वस्त किया था कि वह पुरानी रणनीति को ही अपनाने वाला था और सन् 1976 में जब वॉरेन ने निवेश का फैसला किया था, तब तक जी.ई.सी.ओ. का बाजार मूल्य 2 डॉलर प्रति शेयर रह गया था। उस समय वॉरेन ने 5 लाख शेयर खरीदे थे और अगले छह महीने में कंपनी का बाजार मूल्य 8 डॉलर प्रति शेयर के स्तर पर आ गया था।

> ***इस संकट से निपटने के लिए जी.ई.सी.ओ. के निदेशक मंडल ने जॉन जे. बायरन को कंपनी का नया अध्यक्ष नियुक्त किया था। बायरन ने काम सँभालते ही कंपनी में निवेश के लिए वॉरेन बफे से संपर्क किया है।***

याद रहे कि वॉरेन ने सन् 1951 में पहली बार जी.ई.सी.ओ. में निवेश किया था, क्योंकि उसे उसमें कमाई की बड़ी संभावना नजर आई थी और अंततः अगस्त 1995 में, जब कंपनी का बाजार मूल्य

55.75 प्रति शेयर था, तब वॉरेन ने कंपनी के भविष्य की सुनिश्चित संभावनाओं का आकलन कर 70 डॉलर प्रति शेयर के प्रस्ताव मूल्य पर कुल 2.30 अरब डॉलर में 49 प्रतिशत हिस्सेदारी को खरीद लिया था और जी.ई.सी.ओ. बर्कशायर हैथवे की पूर्ण स्वामित्व सहायक कंपनी बन गई थी।

1960 के दशक के मध्य में 'अमेरिकन एक्सप्रेस' के सामने एक अलग प्रकार की स्थिति आ गई थी, जिसने वॉरेन बफे को निवेश का अवसर प्रदान किया था। सन् 1963 में 15 करोड़ डॉलर का 'सलाद तेल घोटाला' सामने आया था, जिसमें अमेरिकन एक्सप्रेस को 6 करोड़ डॉलर का नुकसान हुआ था।

अमेरिकन एक्सप्रेस—1960 के दशक के मध्य में 'अमेरिकन एक्सप्रेस' के सामने एक अलग प्रकार की स्थिति आ गई थी, जिसने वॉरेन बफे को निवेश का अवसर प्रदान किया था। सन् 1963 में 15 करोड़ डॉलर का 'सलाद तेल घोटाला' सामने आया था, जिसमें अमेरिकन एक्सप्रेस को 6 करोड़ डॉलर का नुकसान हुआ था। वास्तव में, 'अमेरिकन एक्सप्रेस' ने अपनी सहायक कंपनी के माध्यम से पूर्व वस्तु संबंधी दलाल (कमोडिटी ब्रोकर) एंटोनी 'टिनो' डे एंजिलिस के नेतृत्ववाली 'अलाइड क्रूड वेजिटेबल ऑयल' (न्यू जर्सी) की कुल 6 करोड़ डॉलर मूल्य के सोयाबीन तेल भंडार की जाँच की थी। उस भंडार प्रमाण-पत्र की जमानत पर एंटोनी 'टिनो' डे एंजिलिस ने कई उधारकर्ताओं से ऋण हासिल कर लिया था। जब वह भुगतान करने में असफल रहा था और उधारकर्ताओं ने जमानत की नीलामी की प्रक्रिया शुरू की थी तो पता चला था कि गोदाम में भंडारित तेल की टंकियों में अधिकांश पानी भरा हुआ था,

जबकि तेल ऊपर-ऊपर तैर रहा था। चूँकि 'अमेरिकन एक्सप्रेस' ने भंडार का निरीक्षण करवाया था, इसलिए उसे उधारकर्ताओं को 6 करोड़ डॉलर का भुगतान करना पड़ा था।

और उस घाटे ने 'अमेरिकन एक्सप्रेस' के 'खाता मूल्य' (बुक वैल्यू) को बुरी तरह प्रभावित किया था। स्पष्ट है कि इस समाचार के बाद शेयर बाजार में तीखी प्रतिक्रिया हुई थी और उसका बाजार मूल्य 65 डॉलर प्रति शेयर (अक्तूबर 1963) के उच्च स्तर से गिरता हुआ 37 डॉलर (जनवरी 1964) रह गया था। उस समय, जब शेयर बाजार के सट्टेबाज बिकवाली में जुटे हुए थे, तब वॉरेन बफे को निवेश का सुनहरा अवसर दिखा था। वह जानता था कि 'अमेरिकन एक्सप्रेस' के क्रेडिट कार्ड व ट्रेवलर्स चेक के व्यवसाय में उपभोक्ता एकाधिकार की स्थिति थी और जल्द ही कंपनी वित्तीय स्थिति को सुधार लेगी। इसलिए वॉरेन ने 2 करोड़ डॉलर में 'अमेरिकन एक्सप्रेस' की 5 प्रतिशत हिस्सेदारी खरीद ली थी। याद रहे कि सन् 1964 से 1973 के बीच 'अमेरिकन एक्सप्रेस' के बाजार मूल्य में दस गुना वृद्धि हुई थी और यह वॉरेन बफे के शुरुआती सफल निवेशों में एक साबित हुआ था। बाद में, वॉरेन ने 'अमेरिकन एक्सप्रेस' में 'बर्कशायर हैथवे' की हिस्सेदारी को बढ़ाकर 15 प्रतिशत कर लिया था।

वॉरेन ने 2 करोड़ डॉलर में 'अमेरिकन एक्सप्रेस' की 5 प्रतिशत हिस्सेदारी खरीद ली थी। याद रहे कि सन् 1964 से 1973 के बीच 'अमेरिकन एक्सप्रेस' के बाजार मूल्य में दस गुना वृद्धि हुई थी और यह वॉरेन बफे के शुरुआती सफल निवेशों में एक साबित हुआ था।

तकनीकी-यांत्रिकी की मंदी में निवेश

वॉरेन बफे का मानना है कि शेयर बाजार की तकनीकी-यांत्रिकी (टेक्निकल मेकैनिक्स) ऐसी स्थितियाँ पैदा करती रहती है, जब स्वामित्व हिस्सेदारियों (शेयर) तथा अन्य प्रतिभूतियों (सिक्योरिटीज) के मूल्यों में समुद्री ज्वार-भाटा के भारी हिचकोले आते हैं; लेकिन उनका संबंधित व्यवसायों के आंतरिक अर्थशास्त्र से कोई लेना-देना नहीं होता है। वॉरेन का मानना है कि इस तरह का अतार्किक आर्थिक व्यवहार भी 'व्यावसायिक दृष्टिकोण निवेश' रणनीति का अभ्यास करनेवाले धैर्यवान् निवेशकर्ताओं के लिए कम लागत में खरीदारी करने के अवसर प्रदान करता है।

> *वॉरेन बफे का मानना है कि शेयर बाजार की तकनीकी-यांत्रिकी (टेक्निकल मेकैनिक्स) ऐसी स्थितियाँ पैदा करती रहती है, जब स्वामित्व हिस्सेदारियों (शेयर) तथा अन्य प्रतिभूतियों (सिक्योरिटीज) के मूल्यों में समुद्री ज्वार-भाटा के भारी हिचकोले आते हैं; लेकिन उनका संबंधित व्यवसायों के आंतरिक अर्थशास्त्र से कोई लेना-देना नहीं होता है।*

ध्यान रहे कि शेयर बाजार की तकनीकी-यांत्रिकी की घटनाएँ लघुकालिक दृष्टिकोण से लाभ कमाने की सट्टेबाज रणनीति से बिलकुल अलग हैं। तकनीकी-यांत्रिकी घटनाएँ शेयर बाजार के आधारभूत ढाँचे के विचित्र व्यवहार की आदत है, जो खरीद-बिक्री के तरीकों व विधियों के कारण घटित होती हैं। ये घटनाएँ मुख्य रूप से दो निवेश रणनीतियों—'निवेश सूची बीमा' (पोर्टफोलियो इंश्योरेंस) व 'सूचकांक अंतरपणन' (इंडेक्स आर्बिट्रेज) के कारण पैदा होती हैं, जो समूचे शेयर बाजार में ज्वार-भाटा की स्थिति पैदा कर लाभ कमाने की

कोशिश करती हैं। ऐसी स्थितियों में कुछ व्यवसाय विशेषों की स्वामित्व हिस्सेदारियाँ (शेयर) की जींस (कमोडिटी) बन जाती हैं और उनकी माँग ऐसी बाजार शक्तियों (मार्केट फोर्स) के द्वारा संचालित की जाती है, जो व्यावसायिक मूल्यों या अर्थशास्त्र और यहाँ तक कि प्रतिभूति के वास्तविक मूल्यों को ध्यान में रखकर प्रतिक्रिया नहीं करती हैं। इन बाजार शक्तियों की दृष्टि बाजार की दिशा व दर की गति पर टिकी होती है, जो समूचे बाजार के मूल्य स्तर (प्राइस लेवल) में हिचकोले पैदा कर सकती हैं।

शेयर बाजार के आधारभूत ढाँचे की ऐसी अंतर्निहित समस्या (तकनीकी-यांत्रिकी, अर्थात् विचित्र व्यवहार की आदत) है, जो सामूहिक उन्माद (मास हिस्टीरिया) का प्रस्थान-बिंदु (डिपार्चर पॉइंट) हो सकती है। ऐसी स्थितियों में, जब शेयर बाजार में निवेश करनेवाले आम निवेशकों का बहुत बड़ा समूह बिना किसी प्रत्यक्ष तार्किक कारण के अपने धन में भारी घाटा सहता है, तब वह दहशत में आ जाता है और अपने घाटे को कम करने की कोशिश में अपने पास बाकी बचे शेयर को एक झटके में बेच डालता है। ऐसा करने के बाद वह खुद को बाजार से बाहर निकाल लेता है। कब तक? जब तक कि बाजार में स्थायित्व (स्टेबिलिटी) की स्थिति न आ जाए और यही वह समय होता है, जब वॉरेन जैसा 'व्यावसायिक दृष्टिकोण निवेश' रणनीति को अपनानेवाले निवेशक खरीदारी के लिए बाजार में आते हैं और धीरे-धीरे बाजार सामान्य स्थिति में लौटने लगता है।

शेयर बाजार के आधारभूत ढाँचे की ऐसी अंतर्निहित समस्या (तकनीकी-यांत्रिकी, अर्थात् विचित्र व्यवहार की आदत) है, जो सामूहिक उन्माद (मास हिस्टीरिया) का प्रस्थान-बिंदु (डिपार्चर पॉइंट) हो सकती है।

इस संदर्भ में 'न्यूयॉर्क स्टॉक एक्सचेंज' (एन.वाई.एस.ई.) में, विशेष रूप से वर्ष 1901 व 1987 में आई भयानक दहशत की स्थितियों की चर्चा करना बहुत जरूरी है।

सन् 1901 की दहशत—यह 'न्यूयॉर्क स्टॉक एक्सचेंज' में आई पहली दहशत की स्थिति थी, जब 'नॉर्दर्न पैसिफिक रेल रोड' के वित्तीय नियंत्रण के बाजार युद्ध के कारण भारी गिरावट आई थी। यह रोचक इसलिए भी है कि दहशत की स्थिति केवल एक सप्ताह तक रही थी।

यह 'न्यूयॉर्क स्टॉक एक्सचेंज' में आई पहली दहशत की स्थिति थी, जब 'नॉर्दर्न पैसिफिक रेल रोड' के वित्तीय नियंत्रण के बाजार युद्ध के कारण भारी गिरावट आई थी। यह रोचक इसलिए भी है कि दहशत की स्थिति केवल एक सप्ताह तक रही थी।

इस युद्ध में एक तरफ थे एडवर्ड हेनरी 'नेड' हरिमन (अध्यक्ष, सदर्न पैसिफिक रेल रोड) एवं उनके निवेश साहूकार याकूब हेनरी शिफ (कुहन, लोएब एंड कंपनी) और दूसरी तरफ जेम्स जेरोम हिल (प्रमुख, ग्रेट नॉर्दर्न रेलवे) एवं उसके निवेश साहूकार जॉन पियरपॉण्ट जे.पी. मॉर्गन (जे.पी. मॉर्गन एंड कंपनी) उस समय रेल-सेवा प्रदान करनेवाली कंपनियों के बीच बाजार विस्तार के लिए भारी संघर्ष की स्थिति थी। एक कंपनी दूसरी कंपनी के अधिग्रहण के लिए खुले बाजार में गुपचुप तरीके से तब तक स्वामित्व हिस्सेदारियाँ (शेयर) खरीदा करती थीं और यह क्रम तब तक चलता रहता था, जब तक लक्षित कंपनी में वह बहुमत न आ जाए।

ध्यान रहे कि अमेरिका में प्रतिभूति एवं विनिमय आयोग (सिक्योरिटीज एंड एक्सचेंज कमीशन) की स्थापना सन् 1934 में हुई थी और उससे पहले किसी भी कंपनी की 5 प्रतिशत से अधिक स्वामित्व

हिस्सेदारियों की खरीदारी के लिए सार्वजनिक घोषणा की बाध्यता का कानून नहीं बना था।

वर्ष 1901 की शुरुआत में जेम्स जेरोम हिल एवं जे.पी. मॉर्गन एंड कंपनी के पास नॉर्दर्न पैसिफिक रेल रोड की बहुत बड़ी स्वामित्व हिस्सेदारियाँ थीं; लेकिन वे बहुमत में नहीं थे। अप्रैल 1901 में हेनरी हरिमन व याकूब हेनरी शिफ ने खुले बाजार में गुपचुप तरीके से नॉर्दर्न पैसिफिक रेल रोड के शेयर खरीदने शुरू कर दिए थे, जिसके चलते उसके बाजार मूल्य में 25 प्रतिशत की तेजी आ गई थी; लेकिन इस तेजी पर किसी ने कोई विशेष ध्यान इसलिए नहीं दिया था, क्योंकि उस समय समूचा बाजार ही ऊपर की ओर जा रहा था। चूँकि यह स्पष्ट नहीं था कि तेजी का वास्तविक कारण अधिग्रहण की गुपचुप रणनीति थी, इसलिए सट्टेबाजी की मानसिकतावाले कुछ शेयर व्यापारियों को ऐसा महसूस हुआ था कि नॉर्दर्न पैसिफिक रेल रोड का शेयर कुछ अधिक तेजी से ऊपर जा रहा था, इसलिए उन्होंने मूल्य गिरने का अनुमान लगाकर मुनाफा-वसूली के लिए मंदड़िया बिक्री (शॉर्ट सेल) शुरू कर दी थी।

अप्रैल 1901 में हेनरी हरिमन व याकूब हेनरी शिफ ने खुले बाजार में गुपचुप तरीके से नॉर्दर्न पैसिफिक रेल रोड के शेयर खरीदने शुरू कर दिए थे, जिसके चलते उसके बाजार मूल्य में 25 प्रतिशत की तेजी आ गई थी; लेकिन इस तेजी पर किसी ने कोई विशेष ध्यान इसलिए नहीं दिया था, क्योंकि उस समय समूचा बाजार ही ऊपर की ओर जा रहा था।

मंदड़िया बिक्री (शॉर्ट सेल) क्या होती है? यह उन स्वामित्व हिस्सेदारियों (शेयर) की बिक्री है, जो बिक्रीकर्ता के स्वामित्व में नहीं

होती है या जो बिक्रीकर्ता दूसरों से उधार लेता है। ऐसे बिक्री के सौदे इस धारणा से प्रेरित होते हैं कि संबंधित शेयरों के बाजार मूल्य और भी नीचे गिरेंगे और जब मूल्य गिरेंगे, तब बिक्रीकर्ता उन शेयर को निचले मूल्यों में फिर से वापस खरीद लेगा और उधारदाता को वापस कर देगा। स्पष्ट है कि अनुमान के अनुसार, यदि संबंधित शेयर के मूल्य नीचे आए तो मंदड़िया बिक्री (शॉर्ट सेल) करनेवाले व्यापारी को लाभ कमाने का अवसर मिलता है। इसके उलट, यदि मूल्य ऊपर चला गया तो उसे बाजार से ऊँची लागत पर शेयर खरीदकर उधारदाता को वापस करना पड़ता है, अर्थात् उसे घाटा उठाना पड़ता है।

> ***तब भी उलटा ही हुआ था। 6 मई, 1901 को नॉर्दर्न पैसिफिक रेल रोड के बाजार मूल्य में अचानक बड़ा नाटकीय उछाल आया था। किसी को भी उस उछाल का वास्तविक कारण पता नहीं चल पा रहा था, यहाँ तक कि कंपनी के निदेशकों एवं निवेश साहूकार कंपनी को भी नहीं।***

तब भी उलटा ही हुआ था। 6 मई, 1901 को नॉर्दर्न पैसिफिक रेल रोड के बाजार मूल्य में अचानक बड़ा नाटकीय उछाल आया था। किसी को भी उस उछाल का वास्तविक कारण पता नहीं चल पा रहा था, यहाँ तक कि कंपनी के निदेशकों एवं निवेश साहूकार कंपनी को भी नहीं। सभी अँधेरे में थे। ऐसी स्थिति में मंदड़िया बिक्री (शॉर्ट सेल) करनेवाले अधिकतर व्यापारियों को ऐसा लगा था कि यह बाजार की सामान्य जोड़-तोड़ थी और उन्होंने अपनी बिक्री के आकार को बढ़ाना शुरू कर दिया था। इसके बावजूद 7 मई को नॉर्दर्न पैसिफिक रेल रोड का बाजार मूल्य 117 डॉलर प्रति शेयर से छलाँग लगाकर सीधे 143 डॉलर की ऊँचाई पर पहुँच गया था। ऐसी स्थिति में, देर दोपहर तक धीरे-धीरे सभी को यह स्पष्ट होने लगा था

कि इस अस्वाभाविक उछाल का वास्तविक कारण क्या था! यह सूचना तेजी से फैलने लगी थी कि हेनरी हरिमन अपने निवेश साहूकार याकूब हेनरी शिफ के माध्यम से नॉर्दर्न पैसिफिक रेल रोड पर वित्तीय नियंत्रण स्थापित करने की अंतिम कोशिशों में खुले बाजार में ताबड़तोड़ खरीदारी में जुटा हुआ था।

जब नॉर्दर्न पैसिफिक रेल रोड के जेम्स जेरोम हिल और उसके निवेश साहूकार जे.पी. मॉर्गन को इसकी सूचना मिली थी तो उन्होंने इस अधिग्रहण षड्यंत्र को असफल करने के लिए और भी ऊँचे मूल्यों में अपने शेयर खरीदने शुरू कर दिए थे। इस तरह, अगले दिन मई 8 को समूचे बाजार को पता चल गया था कि हेनरी हरिमन व याकूब हेनरी शिफ बनाम जेम्स जेरोम हिल व जे.पी. मॉर्गन के बीच बाजार-युद्ध चल रहा था। बाजार में बिक्री प्रस्ताव काफी कम हो गए थे, जबकि दोनों पक्षों के बड़े खरीदार मूल्यों को ऊपर की ओर धकेल रहे थे। इस तरह, मंदड़िया बिक्री (शॉर्ट सेल) के सौदे फँसने की आशंका बढ़ गई थी और ऐसे व्यापारियों में दहशत की स्थिति बनने लगी थी।

जब नॉर्दर्न पैसिफिक रेल रोड के जेम्स जेरोम हिल और उसके निवेश साहूकार जे.पी. मॉर्गन को इसकी सूचना मिली थी तो उन्होंने इस अधिग्रहण षड्यंत्र को असफल करने के लिए और भी ऊँचे मूल्यों में अपने शेयर खरीदने शुरू कर दिए थे।

ध्यान रहे कि उन दिनों में मंदड़िया बिक्री (शॉर्ट सेल) के सौदों को अगले दिन निपटाना पड़ता था। यदि बिक्रीकर्ता के पास शेयर नहीं होते थे तो उसे अगले दिन के बाजार मूल्य पर शेयर खरीदकर खरीदार को सौंपना पड़ता था। यदि बिक्रीकर्ता ने शेयर नहीं सौंपे तो खरीदार बाजार मूल्यों के अंतर की रसीद निपटान न कर सकनेवाले बिक्रीकर्ता को थमा देता था।

हुआ यह कि 8 मई को जब बाजार खुला था तो मंदड़िया बिक्री (शॉर्ट सेल) करनेवाले व्यापारियों ने अपनी निपटान स्थितियों को सुरक्षित करने के लिए पागलों की तरह ऊँची बोलियाँ लगानी शुरू कर दीं। चूँकि बाजार में बिक्री योग्य शेयर नहीं के बराबर थे, इसलिए बाजार बंद होने तक नॉर्दर्न पैसिफिक रेल रोड का बाजार मूल्य 180 डॉलर प्रति शेयर के स्तर पर चला गया। इसका अर्थ यह हुआ कि जिन व्यापारियों ने 7 मई को 117 डॉलर प्रति शेयर के मूल्य पर मंदड़िया बिक्री (शॉर्ट सेल) की थी, उनके सौदों के निपटान में 63 डॉलर प्रति शेयर घाटे की स्थितियाँ बन आई थीं। यह दहशत इतनी अधिक बढ़ गई थी कि अगले दिन 9 मई की दोपहर तक नॉर्दन पैसिफिक रेल रोड का बाजार मूल्य 1,000 डॉलर प्रति शेयर के स्तर पर चला गया।

हुआ यह कि 8 मई को जब बाजार खुला था तो मंदड़िया बिक्री (शॉर्ट सेल) करनेवाले व्यापारियों ने अपनी निपटान स्थितियों को सुरक्षित करने के लिए पागलों की तरह ऊँची बोलियाँ लगानी शुरू कर दीं।

लेकिन दूसरी तरफ, बाकी शेयर बाजार में रोचक स्थितियाँ उत्पन्न हो रही थीं और उसने तेज डुबकी लगानी शुरू कर दी थी, क्योंकि मंदड़िया बिक्री (शॉर्ट सेल) करनेवाले बहुत ही खतरनाक स्थितियों में फँस गए थे और उन्होंने अपनी निपटान स्थितियों को सुरक्षित करने के लिए अपने पास मौजूद दूसरी कंपनियों के शेयरों को बेचकर धन-उगाही करना शुरू कर दिया था। वास्तव में, मंदड़िया बिक्री (शॉर्ट सेल) करनेवालों में बड़े-बड़े व्यापारिक प्रतिष्ठान शामिल थे और वे सभी अपनी साख बचाने के लिए मूल्य गिराकर भारी बिकवाली कर रहे थे। स्पष्ट है कि बाजार में अचानक बिक्री प्रस्तावों की झड़ी लग गई थी।

अगले दिन नॉर्दर्न पैसिफिक रेल रोड के दोनों पक्ष जब तक युद्ध-विराम संधि की स्थिति में पहुँचे थे, 'न्यूयॉर्क स्टॉक एक्सचेंज' का सूचकांक (इंडेक्स) 60 अंक नीचे डूब गया था, अर्थात् सूचकांक में शामिल सभी बड़े शेयर धड़ाम हो चुके थे। ऐसे, जो बैंक शेयर व्यापारियों को 4 प्रतिशत पर उधार दे रहे थे, वे भी दशक में आ गए थे और उन्होंने अपने जोखिम को सुरक्षित करने के लिए ब्याज दर को बढ़ाकर 60 प्रतिशत कर दिया था। इस तरह, जब नॉर्दर्न पैसिफिक रेल रोड का बाजार मूल्य आसमान छू रहा था तो बाकी बाजार डूब गया था। स्पष्ट है कि उन शेयर्स के बाजार मूल्य में आई गिरावट का उनके वित्तीय प्रदर्शन से कोई लेना-देना नहीं था। इसी स्थिति को शेयर बाजार की तकनीकी-यांत्रिकी के कारण पैदा हुई 'तात्कालिक मंदी की स्थिति' कहते हैं।

अगले दिन नॉर्दर्न पैसिफिक रेल रोड के दोनों पक्ष जब तक युद्ध-विराम संधि की स्थिति में पहुँचे थे, 'न्यूयॉर्क स्टॉक एक्सचेंज' का सूचकांक (इंडेक्स) 60 अंक नीचे डूब गया था, अर्थात् सूचकांक में शामिल सभी बड़े शेयर धड़ाम हो चुके थे।

और वॉरेन बफे जैसे दीर्घकालिक निवेश करनेवाले धैर्यवान् खिलाड़ियों को ऐसी तकनीकी-यांत्रिकी द्वारा पैदा की गई मंदी की प्रतीक्षा रहती है, लेकिन सन् 1901 में उस स्थिति का लाभ शेयर दलाल बर्नार्ड मेनस बारूच ने उठाया था। उसने ताबड़तोड़ खरीदारी की थी और जल्द ही बाजार सामान्य स्थिति में आ गया था; लेकिन उस मौके ने बारूच को मालामाल कर दिया था। अगले कुछ वर्षों में बर्नार्ड मेनस बारूच 'वॉल स्ट्रीट का अकेला भेड़िया' कहा जाने लगा था, क्योंकि वह बहुत ही तेजी से वॉल स्ट्रीट का प्रमुख वित्त-पोषक (फाइनेंसर) बन गया था।

सन् 1987 का 'काला सोमवार'—वित्तीय इतिहास में 19 अक्तूबर, 1987 को 'काला सोमवार' (ब्लैक मंडे) कहा जाता है, क्योंकि बहुत ही कम समय में उस दिन विश्व भर के शेयर बाजारों में भारी गिरावट दर्ज की गई थी। गिरावट का क्रम हांगकांग के शेयर बाजार से शुरू हुआ था और जल्द ही उसने यूरोप व अमेरिका के शेयर बाजारों को भी अपनी चपेट में ले लिया था और डॉव जोन्स इंडस्ट्रियल एवरेज (डी.जे.आई.ए.) 508 अंकों की गिरावट (22.61 प्रतिशत) के साथ 1,738.74 पर अटका था। इस तरह 13 से 19 अक्तूबर, 1987 के बीच के चार कारोबारी दिवसों डी.जे.आई.ए. में कुल 789 अंकों की गिरावट (35 प्रतिशत) आई थी। जी हाँ, इस दौरान अमेरिकी शेयर बाजारों के मूल्यों में लगभग 1,000 अरब डॉलर की कुल गिरावट का आकलन किया गया था। याद रहे कि विश्व महामंदी के दौरान भी डी.जे. आई.ए. की सबसे अधिक एकदिवसीय गिरावट का स्तर 11.7 प्रतिशत (28 अक्तूबर, 1929) ही रहा था।

वित्तीय इतिहास में 19 अक्तूबर, 1987 को 'काला सोमवार' (ब्लैक मंडे) कहा जाता है, क्योंकि बहुत ही कम समय में उस दिन विश्व भर के शेयर बाजारों में भारी गिरावट दर्ज की गई थी।

यह भी शेयर बाजार की तकनीकी यांत्रिकी के कारण पैदा हुई भयानक पागलपन की स्थिति थी और उस गिरावट के संभावित कारणों में कार्यक्रम व्यापार (प्रोग्राम ट्रेडिंग), अतिमूल्यन (ओवर वैल्यूएशन), अतरलता (इलिक्विडिटी) एवं बाजार मनोविज्ञान (मार्केट साइकोलॉजी) को शामिल किया जाता है।

याद रहे कि सन् 1982 से अमेरिका सहित विश्व भर में जो तेजड़िया बाजार (बुल मार्केट) की स्थितियाँ बननी शुरू हुई थीं, वे

1987 में अपने चरम पर पहुँच गई थीं। हालाँकि अतिरेक के कुछ चेतावनी संकेत भी मिल रहे थे, जो बाजार के पिछले झुकाव-बिंदुओं (इन्फ्लेक्शन पॉइंट) के समान थे। आर्थिक विकास (इकोनॉमिक ग्रोथ) धीमा हो चुका था, जबकि मुद्रास्फीति (इन्फ्लेशन) अपना सिर ऊपर उठा रही थी। संयुक्त राज्य अमेरिका एवं जर्मनी के बीच मुद्रा-विवाद से संबंधित कुछ भू-राजनीतिक (जियो-पॉलिटिकल) मुद्दे भी थे और मजबूत डॉलर अमेरिकी निर्यात पर दबाव बढ़ा रहे थे। तेजड़िया बाजार (बुल मार्केट) स्थितियों में पहली बार शेयर बाजार व अर्थव्यवस्था एक-दूसरे का रास्ता काटने लगे थे। इसके कारण शेयर बाजार के मूल्यांकन अपने अतिरेक स्तरों (एक्सेसिव लेवल) पर चढ़ते जा रहे थे और आय के मुकाबले 'मूल्य आय अनुपात' (प्राइस अर्निंग रेशियो) 20 से ऊपर चढ़ता जा रहा था। इसका अर्थ यह हुआ कि कंपनियों के बाजार मूल्य अपने प्रति शेयर आय की तुलना में प्रति 20 गुना से भी ऊपर चढ़ते जा रहे थे। इतना ही नहीं, कंपनियों की भविष्य की आय की संभावना भी कम करके आँकी जा रही थी; लेकिन शेयर के बाजार मूल्यों की बढ़त पर उन भविष्यवाणियों का कोई प्रभाव नहीं पड़ रहा था। बाजार के भागीदार भी इन मुद्दों के प्रति सजग थे, लेकिन निवेश सूची बीमा (पोर्टफोलियो इंश्योरेंस) के आकर्षण ने कइयों को इन 'चेतावनी संकेतों' को अनदेखा करने के लिए उकसा दिया था।

कंपनियों की भविष्य की आय की संभावना भी कम करके आँकी जा रही थी; लेकिन शेयर के बाजार मूल्यों की बढ़त पर उन भविष्यवाणियों का कोई प्रभाव नहीं पड़ रहा था।

'निवेश सूची बीमा' (पोर्टफोलियो इंश्योरेंस) शेयर सूचकांक वायदों (स्टॉक इंडेक्स फ्यूचर) की मंदड़िया बिक्री (शॉर्ट सेल) के

द्वारा बाजार जोखिम के खिलाफ स्वामित्व हिस्सेदारियों (शेयर) की निवेश सूची (पोर्टफोलियो) की बचाव-व्यवस्था (हेजिंग) करने का एक तरीका है, विशेष रूप से जब बाजार की दिशा अनिश्चित या ढुलमुल रहती हो, तब संस्थागत निवेशक (इंस्टीट्यूशनल इन्वेस्टर) इस बचाव-व्यवस्था तकनीक का बारंबार उपयोग करते हैं। हालाँकि शेयर सूचकांक वायदों की मंदड़िया बिक्री (शॉर्ट सेल) किसी भी गिरावट की भरपाई कर सकती है, लेकिन यह किसी भी प्रकार के लाभ में बाधा पहुँचाती है। वास्तव में, निवेश सूची बीमा (पोर्टफोलियो इंश्योरेंस) एक विशेष प्रकार की निवेश रणनीति (इन्वेस्टमेंट स्ट्रेटेजी) है, जहाँ स्वामित्व हिस्सेदारियाँ (शेयर), ऋण प्रतिभूतियाँ (डेट सिक्योरिटीज) और वायदा अनुबंध (फ्यूचर कॉण्ट्रेक्ट) एवं विकल्प अनुबंध (ऑप्शन कॉण्ट्रेक्ट) आदि व्युत्पन्न उत्पाद (डेरिवेटिव प्रोडक्ट) जैसे विभिन्न वित्तीय साधनों (फाइनेंशियल इंस्ट्रूमेंट्स) को इस तरह से संयुक्त किया जाता है कि 'निवेश सूची मूल्य' (पोर्टफोलियो वैल्यू) की गिरावट सुरक्षित रहती है।

हालाँकि शेयर सूचकांक वायदों की मंदड़िया बिक्री (शॉर्ट सेल) किसी भी गिरावट की भरपाई कर सकती है, लेकिन यह किसी भी प्रकार के लाभ में बाधा पहुँचाती है।

वर्ष 1976 में 'निवेश सूची बीमा' (पोर्टफोलियो इंश्योरेंस) का आविष्कार प्रमुख अमेरिकी वित्तीय अर्थशास्त्री मार्क एडवर्ड रुबिनस्टीन ने किया था, जो कैलिफोर्निया विश्वविद्यालय, बर्कले के 'हास स्कूल ऑफ बिजनेस' में वित्त के प्रोफेसर हैं। इस गतिशील बचाव व्यवस्था रणनीति में कंप्यूटर-आधारित प्रारूपों (मॉडल) का उपयोग किया जाता है, जो विभिन्न बाजारों के मूल्य-स्तरों पर शेयर व नकद के

अनुपात की उच्चता को सुनिश्चित करता है। आमतौर पर इन प्रारूपों का उपयोग गिरते बाजार में बिकवाली और उठते बाजार में खरीदारी के लिए किया जाता है। वास्तव में, 'निवेश सूची बीमा' (पोर्टफोलियो इंश्योरेंस) के दो प्रारूप या कार्यक्रम अक्तूबर 1987 में आई भारी गिरावट के कारण बने थे। उस समय जब 'स्टैंडर्ड एंड पूअर्स 500 इंडेक्स' में 10 प्रतिशत की गिरावट आई थी, लेकिन विभिन्न संस्थागत निवेशकों ने 'निवेश सूची बीमा रणनीतियों' के तहत अपनी 50 प्रतिशत शेयर-धारण (शेयर होल्डिंग) की बिकवाली कर दी थी। इसका अर्थ यह हुआ कि यदि 'स्टैंडर्ड एंड पूअर्स 500 इंडेक्स' में 10 प्रतिशत की बढ़त होती तो उन्हें अपने शेयर-धारण में 50 प्रतिशत की बढ़त भी करनी पड़ती। स्पष्ट है कि समान प्रतिभूतियों की सबसे अधिक बिकवाली व खरीदारी—दोनों करनेवाले संस्थागत निवेशक भी समान ही थे।

उस समय जब 'स्टैंडर्ड एंड पूअर्स 500 इंडेक्स' में 10 प्रतिशत की गिरावट आई थी, लेकिन विभिन्न संस्थागत निवेशकों ने 'निवेश सूची बीमा रणनीतियों' के तहत अपनी 50 प्रतिशत शेयर-धारण (शेयर होल्डिंग) की बिकवाली कर दी थी। इसका अर्थ यह हुआ कि यदि 'स्टैंडर्ड एंड पूअर्स 500 इंडेक्स' में 10 प्रतिशत की बढ़त होती तो उन्हें अपने शेयर-धारण में 50 प्रतिशत की बढ़त भी करनी पड़ती।

हुआ यह था कि 19 अक्तूबर, 1987 (सोमवार) के दौरान 'निवेश सूची बीमा' (पोर्टफोलियो इंश्योरेंस) की रणनीति अपनानेवाले संस्थागत निवेशकों ने एक तरफ 'न्यूयॉर्क स्टॉक एक्सचेंज' में 'स्टैंडर्ड एंड पूअर्स 500 इंडेक्स' के 2 अरब डॉलर मूल्य के शेयरों की बिकवाली की थी तो

दूसरी तरफ 'शिकागो कमोडिटी एक्सचेंज' में 4 अरब डॉलर मूल्य के 'स्टैंडर्ड एंड पूअर्स 500 इंडेक्स' के 34,500 वायदा सौदे भी बेच दिए थे। स्पष्ट है कि बहुत बड़े पैमाने पर की गई इन बिकवालियों ने 'शिकागो कमोडिटी एक्सचेंज' में 'स्टैंडर्ड एंड पूअर्स 500 इंडेक्स' वायदा सौदों के मूल्य गिरा दिए थे।

ध्यान रहे कि 'सूचकांक अंतरपणन' (इंडेक्स आर्बिट्रेज) ऐसी निवेश रणनीति है, जो एक ही सूचकांक के वायदा सौदों की वास्तविक एवं सैद्धांतिक कीमतों के बीच अंतर से लाभ का प्रयास करती है। इस रणनीति में निवेशक एक सूचकांक में खरीदारी करते हैं तो दूसरे में बिक्री या फिर एक में बिक्री करते हैं तो दूसरे में खरीदारी।

इसका परिणाम यह हुआ था कि 'सूचकांक अंतरपणन' (इंडेक्स आर्बिट्रेज) की रणनीति अपनानेवाले बड़े संस्थागत निवेशकों/निवेश साहूकार प्रतिष्ठानों ने 'शिकागो कमोडिटी एक्सचेंज' में 'स्टैंडर्ड एंड पूअर्स 500 इंडेक्स' वायदा सौदों की भारी खरीदारी की थी और 'न्यूयॉर्क स्टॉक एक्सचेंज' में 'स्टैंडर्ड एंड पूअर्स 500 इंडेक्स' के शेयरों को बेच दिया था। स्पष्ट है कि दो बाजारों के सूचकांकों के मूल्यों के अंतर में इन निवेशकों को भारी लाभ कमाने का अवसर मिला था। ध्यान रहे कि 'सूचकांक अंतरपणन' (इंडेक्स आर्बिट्रेज) ऐसी निवेश रणनीति है, जो एक ही सूचकांक के वायदा सौदों की वास्तविक एवं सैद्धांतिक कीमतों के बीच अंतर से लाभ का प्रयास करती है। इस रणनीति में निवेशक एक सूचकांक में खरीदारी करते हैं तो दूसरे में बिक्री या फिर एक में बिक्री करते हैं तो दूसरे में खरीदारी।

चूँकि 'निवेश सूची बीमा' (पोर्टफोलियो इंश्योरेंस) एवं 'सूचकांक अंतरपणन' (इंडेक्स आर्बिट्रेज) की रणनीतियाँ अपनानेवाले बड़े

संस्थागत निवेशकों के बीच का यह बाजार युद्ध कंप्यूटर-आधारित प्रारूपों के माध्यम से चल रहा था, इसलिए एक ही कारोबारी दिवस में बाजार में इतनी बड़ी ऐतिहासिक गिरावट दर्ज की गई थी और बाजार की तकनीकी-यांत्रिकी द्वारा उत्पन्न स्थिति ने वॉरेन बफे जैसे दीर्घकालिक निवेशकों को बाजार में भारी खरीदारी का अवसर दे दिया था, क्योंकि उस गिरावट का संबंधित कंपनियों के वित्तीय प्रदर्शन से कोई लेना-देना नहीं था।

□

6

निवेशकी बिक्री का सही समय

निवेश कारोबार के बारे में रोचक बात कही जाती है कि 50 प्रतिशत विज्ञान, 50 प्रतिशत कला और 10 प्रतिशत लोक-साहित्य है। विश्व भर के शेयर बाजारों में यह परंपरागत अवधारणा रही है कि लाभ की स्थिति में अपने निवेश की बिक्री करनेवाला निवेशक कभी भी पूरी तरह से धन से वंचित नहीं होता; लेकिन निवेश जगत् में किंवदंती बन चुके निवेशक वॉरेन बफे की टिप्पणी है कि यदि लाभ कमाकर बिक्री करनेवाला कभी भी धन से वंचित नहीं रहता है तो वह कभी भी सही मायने में धनवान् नहीं बन सकता।

जी हाँ, आपने बिलकुल सही सुना कि लाभ कमाकर अपने निवेश की बिक्री करनेवाला कभी धनवान् नहीं बन सकता। फिर, वॉरेन कहना क्या चाहते हैं? सही मायने में धनवान् बनने का तात्पर्य क्या है? इसका उत्तर भी स्वयं वॉरेन बफे का स्वयं का पेशेवर जीवन है। वह अच्छे व्यवसाय को हमेशा ही अपने पास बनाए रखना चाहते हैं, क्योंकि केवल इसी तरीके से निवेश पर जादुई चक्रवृद्धि लाभ कमाकर धनवान् बना जा सकता है। वॉरेन के कहने का अर्थ यह है कि जब तक आपके पास कोई और अधिक लाभ देनेवाला निवेश अवसर न आए, आप अपने निवेश को न बेचें।

निवेश की बिक्री वॉरेन बफे का दृष्टिकोण

निवेश कारोबार के अपने शुरुआती पेशेवर जीवन में वॉरेन बफे ने भी निवेश की बिक्री के संबंध में अपने गुरु बेंजामिन ग्राहम के दृष्टिकोण का अनुसरण किया था। ग्राहम का मानना था कि जब किसी प्रतिभूति (सिक्योरिटी) का बाजार मूल्य अपने आंतरिक मूल्य (इंट्रिन्सिक वैल्यू) पर पहुँच जाए तो उसे बेच देना चाहिए। ग्राहम का तर्क था कि उस बिंदु के बाद प्रतिभूति में बहुत कम या शून्य लाभ-संभावना रह पाती है, इसलिए निवेशक को उसे बेचकर कोई दूसरे अधोमूल्यांकित (अंडरवैल्यूड) निवेश विकल्प की खोज करनी चाहिए।

निवेश कारोबार के अपने शुरुआती पेशेवर जीवन में वॉरेन बफे ने भी निवेश की बिक्री के संबंध में अपने गुरु बेंजामिन ग्राहम के दृष्टिकोण का अनुसरण किया था।

उदाहरण के लिए, यदि ग्राहम ने किसी कंपनी की स्वामित्व हिस्सेदारी (शेयर) को 15 डॉलर की दर से खरीदा और उसका आंतरिक मूल्य 30 से 40 डॉलर के बीच निर्धारित किया तो उस शेयर के 30 डॉलर के स्तर पर पहुँचने के बाद वह उसे बेच देगा और फिर प्राप्त धन को किसी दूसरे अधोमूल्यांकित शेयर में पुनर्निवेश कर देगा।

ग्राहम ने अपने शोध में पाया था कि जब आपने किसी ऐसे शेयर को खरीदा, जो अपने आंतरिक मूल्य से नीचे बेचा जा रहा था तो आप उसे जितने अधिक समय तक अपने पास रखेंगे, आपके निवेश की अनुमानित वार्षिक चक्रवृद्धि लाभ-दर उतनी ही कम होती चली जाएगी। मान लें कि आपने 30 डॉलर आंतरिक मूल्यवाले शेयर को 20 डॉलर प्रति शेयर की दर पर खरीदा और वह पहले वर्ष में ऊपर उठकर 30 डॉलर के स्तर पर पहुँच गया तो आपके निवेश की लाभ-दर 50

प्रतिशत हुई और यदि उस शेयर ने अपने आंतरिक मूल्य पर पहुँचने में दो वर्ष लगा दिए तो आपके निवेश की वार्षिक चक्रवृद्धि ब्याज दर 22.4 प्रतिशत होगी। यदि उसे आंतरिक मूल्य पर पहुँचने में तीन वर्ष लगे तो आपके निवेश की वार्षिक चक्रवृद्धि ब्याज दर घटकर 14.4 प्रतिशत रह जाएगी। इसी तरह चौथे वर्ष में वह और घटकर 10.6 प्रतिशत, पाँचवें वर्ष में 8.4 प्रतिशत, छठे वर्ष में 6.9 प्रतिशत, सातवें वर्ष में 5.9 प्रतिशत और आठवें वर्ष में 5.1 प्रतिशत रह जाएगी।

इस समस्या से बचने के लिए ग्राहम ने पहला हल यह निकाला था कि आप किसी भी शेयर की खरीदारी आंतरिक मूल्य से काफी नीचे करें, ताकि आपके पास 'सुरक्षा अंतराल' (मार्जिन ऑफ सेफ्टी) हो। इस तरह, यदि शेयर अपने आंतरिक मूल्य स्तर पर पहुँचने में देर लगाए तो आपके पास पर्याप्त सुरक्षा अंतराल हो।

इस समस्या से बचने के लिए ग्राहम ने पहला हल यह निकाला था कि आप किसी भी शेयर की खरीदारी आंतरिक मूल्य से काफी नीचे करें, ताकि आपके पास 'सुरक्षा अंतराल' (मार्जिन ऑफ सेफ्टी) हो। इस तरह, यदि शेयर अपने आंतरिक मूल्य स्तर पर पहुँचने में देर लगाए तो आपके पास पर्याप्त सुरक्षा अंतराल हो। स्पष्ट है कि शेयर अपने आंतरिक मूल्य पर पहुँचने में जितनी देर लगाएगा, आपके पास उतना ही बड़ा 'सुरक्षा अंतराल' भी होना चाहिए। यदि किसी शेयर के अपने आंतरिक मूल्य पर पहुँचने का अनुमानित समय कम है तो उसका 'सुरक्षा अंतराल' कम होगा और यदि अधिक है तो 'सुरक्षा अंतराल' भी अधिक होगा।

लेकिन यदि कोई शेयर अनुमानित समय के बाद भी अपने आंतरिक मूल्य स्तर पर नहीं पहुँचा तो निवेशक को कितने समय तक प्रतीक्षा

करनी चाहिए—एक वर्ष, दो वर्ष या पाँच वर्ष? ग्राहम का उत्तर था—दो वर्ष। उनका मानना था कि यदि कोई शेयर दो वर्ष के अंदर अपने आंतरिक मूल्य स्तर को प्राप्त नहीं कर सका तो शायद वह कभी भी उस स्तर पर नहीं पहुँच सकेगा। ऐसी स्थिति में, ग्राहम उस शेयर को बेचकर दूसरा विकल्प खोजना ही उचित समझते थे; लेकिन वॉरेन को अपने गुरु का यह उत्तर अपेक्षित निवेश मूल्य की वसूली की समस्या का कारगर उपाय नहीं लगता था। अपने गुरु की इस अवधारणा का अनुसरण करते हुए वॉरेन ने पाया था कि उनके पास ऐसे शेयरों की संख्या बहुत अधिक हो जाती थी, जो कभी भी अपने आंतरिक मूल्य स्तर तक पहुँच ही नहीं पाते थे और उन्हें बेचने पर ऊपर से 'पूँजी लाभ कर' (कैपिटल गेन टैक्स) का भुगतान भी करना पड़ता था।

यही वह समय था, जब वॉरेन बफे ने अपनी निवेश रणनीति में फिलिप फिशर व चार्ली मुंगेर के समाधान को अपनाया था। उनका मानना था कि यदि कोई बढ़ता हुआ उत्कृष्ट व्यवसाय खरीदता है और उसके प्रबंधन की मुख्य चिंता शेयरधारकों का वित्तीय लाभ है तो उसे बेचने का कोई सही समय है ही नहीं; क्योंकि उसे बेचने की कोई आवश्यकता ही नहीं है।

यही वह समय था, जब वॉरेन बफे ने अपनी निवेश रणनीति में फिलिप फिशर व चार्ली मुंगेर के समाधान को अपनाया था। उनका मानना था कि यदि कोई बढ़ता हुआ उत्कृष्ट व्यवसाय खरीदता है और उसके प्रबंधन की मुख्य चिंता शेयरधारकों का वित्तीय लाभ है तो उसे बेचने का कोई सही समय है ही नहीं; क्योंकि उसे बेचने की कोई आवश्यकता ही नहीं है। हाँ, यदि परिस्थितियाँ बदलती हैं तथा निवेश के और अच्छे विकल्प मिलते हैं तो उसे बेचकर पुनर्निवेश किया

जा सकता है। वैसे, उनकी सलाह यही थी कि जहाँ तक संभव हो, निवेशक को उत्कृष्ट व्यवसाय में अपना निवेश बनाए रखना चाहिए, क्योंकि केवल इसी तरीके से निवेश पर जादुई चक्रवृद्धि लाभ का आनंद उठाया जा सकता है।

यही कारण था कि वॉरेन ने केवल मूल्य को ध्यान में रखकर निवेश विकल्पों की खरीदारी बंद कर दी थी और अपने निवेश के फैसलों को व्यवसाय की आर्थिक प्रकृति पर स्थानांतरित कर लिया था। उसके बाद वॉरेन के निवेश फैसलों का मुख्य आधार बन गया था—औचित्य लाभ की उच्च दरें, पहचान योग्य उपभोक्ता एकाधिकार तथा शेयरधारक-केंद्रित प्रबंधन। इसका अर्थ यह नहीं था कि वॉरेन खरीदारी करते समय बाजार मूल्य का ध्यान नहीं रखते थे; क्योंकि हम पढ़ चुके हैं कि वॉरेन का मूल सिद्धांत ही यही है कि खरीद मूल्य ही लाभ-दर को सुनिश्चित करता है। इस निवेश रणनीति का अनुसरण करते हुए वॉरेन बफे ने 'वॉशिंगटन पोस्ट' एवं जी.ई.आई.सी.ओ. जैसी कंपनियों में अपने सबसे बड़े निवेशों को दो दशकों से भी अधिक समय तक बनाए रखा था, जिनसे उसे 17 प्रतिशत या उससे भी अधिक वार्षिक चक्रवृद्धि लाभ कमाने के अवसर मिले।

यही कारण था कि वॉरेन ने केवल मूल्य को ध्यान में रखकर निवेश विकल्पों की खरीदारी बंद कर दी थी और अपने निवेश के फैसलों को व्यवसाय की आर्थिक प्रकृति पर स्थानांतरित कर लिया था। उसके बाद वॉरेन के निवेश फैसलों का मुख्य आधार बन गया था—औचित्य लाभ की उच्च दरें, पहचान योग्य उपभोक्ता एकाधिकार तथा शेयरधारक-केंद्रित प्रबंधन।

मंदड़िया बाजार (बीअर मार्केट) व तेजड़िया बाजार (बुल मार्केट)

स्थितियों में भी वॉरेन की यही सलाह है कि आप अपने उत्कृष्ट व्यवसायों में निवेश को बिना किसी डर के बनाए रखें। हाँ, इसका अर्थ यह नहीं है कि आप अपनी वित्तीय स्थिति को संतुलित रखने के लिए लघुकालिक लाभ न कमाएँ! वॉरेन का कहना केवल इतना है कि जहाँ तक आपकी वित्तीय स्थिति इजाजत दे, अपने दीर्घकालिक निवेशों को बनाए रखें; क्योंकि आपकी यही आदत आपको सही अर्थों में धनवान् बना सकती है।

वॉरेन बफे के अन्य निवेश विकल्प

वॉरेन बफे ने विभिन्न प्रकार के व्यवसायों से संबंधित प्रतिभूतियों में निवेश कर अपना सौभाग्य बनाया है। उनकी सबसे पहली कोशिश उन सभी कंपनियों की 100 प्रतिशत स्वामित्व हिस्सेदारियाँ (शेयर) खरीदने की रही है, जिनका अर्थशास्त्र व प्रबंधन उत्कृष्ट हो; लेकिन जहाँ भी उनसे ऐसा कर पाना संभव नहीं हुआ, उन्होंने उन कंपनियों के सामान्य शेयर (कॉमन स्टॉक) में दीर्घकालिक निवेश कर दिया।

> *वॉरेन बफे ने विभिन्न प्रकार के व्यवसायों से संबंधित प्रतिभूतियों में निवेश कर अपना सौभाग्य बनाया है। उनकी सबसे पहली कोशिश उन सभी कंपनियों की 100 प्रतिशत स्वामित्व हिस्सेदारियाँ (शेयर) खरीदने की रही है, जिनका अर्थशास्त्र व प्रबंधन उत्कृष्ट हो"*

वैसे, वॉरेन 'दीर्घकालिक स्थिर आय प्रतिभूतियों' (लॉन्ग टर्म फिक्स्ड इनकम सिक्योरिटी), 'मध्यावधि स्थिर आय प्रतिभूतियों' (मीडियम टर्म फिक्स्ड इनकम सिक्योरिटी), 'अल्पकालिक नकदी समकक्षों' (शॉर्ट टर्म कैश इक्विवेलेंट), 'लघु अवधि अंतरपणन प्रतिबद्धताओं' (शॉर्ट टर्म आर्बिट्रेज कमिटमेंट) में भी निवेश करते रहे हैं; लेकिन इस प्रकार का निवेश विकल्प न तो उनका प्रिय रहा है और न ही उनमें किए गए निवेशों

से वह धनवान् ही बने थे। हाँ, वॉरेन इन निवेश विकल्पों का उपयोग उत्कृष्ट कंपनियों में निवेश को वित्त-पोषित करने और उनकी खोज करने में लगनेवाले समय को बिताने में जरूर करते रहे हैं। वॉरेन उत्कृष्ट कंपनियों में निवेश के उचित अवसर के आने की प्रतीक्षा में अपनी पूँजी को यूँ ही अपनी तिजोरी में नहीं रखना चाहते हैं। वह अपना एक-एक डॉलर हमेशा ही निवेशित रखने में विश्वास रखते हैं, क्योंकि कुछ-न-कुछ कमाते ही हैं।

अपने मूलभूत निवेश सिद्धांतों के अनुसार वॉरेन बफे कभी भी अपने धन का निवेश 'दीर्घकालिक स्थिर आय प्रतिभूतियों' (लॉन्ग टर्म फिक्स्ड इनकम सिक्योरिटी) में नहीं करना चाहेंगे। चूँकि इस प्रकार की प्रतिभूतियों में निवेश पूँजी को लंबे समय तक बनाए रखने की आवश्यकता होती है, इसलिए आमतौर पर ये प्रतिभूतियाँ बहुत कम ब्याज कमाने के ही अवसर प्रदान करती हैं।

दीर्घकालिक स्थिर आय प्रतिभूति—अपने मूलभूत निवेश सिद्धांतों के अनुसार वॉरेन बफे कभी भी अपने धन का निवेश 'दीर्घकालिक स्थिर आय प्रतिभूतियों' (लॉन्ग टर्म फिक्स्ड इनकम सिक्योरिटी) में नहीं करना चाहेंगे। चूँकि इस प्रकार की प्रतिभूतियों में निवेश पूँजी को लंबे समय तक बनाए रखने की आवश्यकता होती है, इसलिए आमतौर पर ये प्रतिभूतियाँ बहुत कम ब्याज कमाने के ही अवसर प्रदान करती हैं। इतना ही नहीं, वॉरेन ऐसी प्रतिभूतियों में इसलिए भी निवेश करना पसंद नहीं करते हैं, क्योंकि मुद्रास्फीति की लगातार बढ़ती दरें इनकी वास्तविक कमाई को नगण्य बना देती हैं। वॉरेन का मानना रहा है कि लोकतांत्रिक शासन व्यवस्थाओं में लोक-लुभावन योजनाएँ मुद्रास्फीति को हमेशा ही बढ़ाती रहेंगी।

लेकिन इसका अपवाद भी रहा है। अक्तूबर 1983 से लेकर जून 1984 के बीच वॉरेन ने 'वॉशिंगटन पब्लिक पॉवर सप्लाई कंपनी' (डब्ल्यू.पी.पी.एस.एस.) के बॉण्ड (ऋण प्रतिभूति) में 13.90 करोड़ डॉलर का निवेश किया था, क्योंकि इस विशेष प्रकार की प्रतिभूति से वॉरेन को वार्षिक 2.27 करोड़ डॉलर (लगभग 16 प्रतिशत) कर-मुक्त ब्याज (टैक्स फ्री इंटरेस्ट) कमाने का सुनहरा अवसर मिला था। जी हाँ, यहाँ भी वॉरेन ने अपने मूलभूत निवेश सिद्धांत 'व्यावसायिक निवेश दृष्टिकोण' को ही अपनाया था। उन्होंने सटीक वित्तीय आकलन किया था कि सन् 1984 में 2.27 करोड़ डॉलर कर-मुक्त शुद्ध लाभ सामान्य व्यवसाय की 4.50 करोड़ डॉलर की कर-पूर्व आय (प्रीटैक्स इनकम) को गटक लेगा, साथ ही 4.50 करोड़ डॉलर की कर-पूर्व आय अर्जित करने के लिए उसे सामान्य व्यवसाय का पूर्ण स्वामित्व हासिल करने में 25 से 30 करोड़ डॉलर तक निवेश करना पड़ सकता था। इस प्रकार, वॉरेन ने लगभग आधे निवेश पर उतनी ही शुद्ध कमाई करने के लिए 'डब्ल्यू. पी.पी.एस.एस.' के बॉण्ड में निवेश किया था।

उन्होंने सटीक वित्तीय आकलन किया था कि सन् 1984 में 2.27 करोड़ डॉलर कर-मुक्त शुद्ध लाभ सामान्य व्यवसाय की 4.50 करोड़ डॉलर की कर-पूर्व आय (प्रीटैक्स इनकम) को गटक लेगा, साथ ही 4.50 करोड़ डॉलर की कर-पूर्व आय अर्जित करने के लिए उसे सामान्य व्यवसाय का पूर्ण स्वामित्व हासिल करने में 25 से 30 करोड़ डॉलर तक निवेश करना पड़ सकता था।

इस तरह, वॉरेन ने 'डब्ल्यू.पी.पी.एस.एस.' के बॉण्ड को भी पूरी तरह से व्यवसाय के रूप में देखा था। उन्होंने आकलन किया था कि उन

बॉण्ड्स का कुल उच्चतम मूल्य 20.5 करोड़ डॉलर था, उसका निवेश (13.90 करोड़ डॉलर) से 48 प्रतिशत अधिक था। इतना ही नहीं, वॉरेन ने इस तथ्य का भी आकलन किया था कि सन् 1984 में अधिकतर व्यवसायों में ऊपर जाने की संभावना सीमित थी, जब तक कि उनमें अतिरिक्त पूँजी का निवेश न किया जाए। यही कारण था कि व्यवसाय की तुलना में आमतौर पर बॉण्ड की सीमित संभावनाओं के बावजूद वॉरेन ने उसे चुना था, अर्थात् उस समय वॉरेन के पास और अधिक संभावनाओंवाले निवेश विकल्प उपलब्ध नहीं थे। इसके अलावा, डब्ल्यू.पी.पी.एस.एस. के बॉण्ड वॉरेन को कर-मुक्त ब्याज के नकद भुगतान के अवसर दे रहे हैं, जिसे वह उस बॉण्ड व्यवसाय से प्रभावी रूप से अलग कर सकते थे और बहुत ही आसानी से कहीं और निवेश कर सकते थे, जैसा किसी अन्य सामान्य व्यवसाय में कर पाना काफी मुश्किल होता।

> ***डब्ल्यू.पी.पी.एस.एस. के बॉण्ड वॉरेन को कर-मुक्त ब्याज के नकद भुगतान के अवसर दे रहे हैं, जिसे वह उस बॉण्ड व्यवसाय से प्रभावी रूप से अलग कर सकते थे और बहुत ही आसानी से कहीं और निवेश कर सकते थे, जैसा किसी अन्य सामान्य व्यवसाय में कर पाना काफी मुश्किल होता।***

मध्यावधि स्थिर आय प्रतिभूति—वॉरेन हमेशा ही केवल उन 'मध्यावधि स्थिर आय प्रतिभूतियों' (मीडियम टर्म फिक्स्ड इनकम सिक्योरिटी) में निवेश करता रहे हैं, जो न केवल कर-मुक्त थे, बल्कि सबसे कम जोखिमपूर्ण भी थे और इस वर्ग का उसका चुनिंदा निवेश विकल्प था—'ट्रेजरी बॉण्ड' (टी-बॉण्ड), अमेरिकी सरकार की ऋण प्रतिभूति। सन् 1986 में वॉरेन ने छह से बारह वर्षों की परिपक्वता अवधि वाले विभिन्न कर-मुक्त टी-बॉण्ड में लगभग

70 करोड़ डॉलर का निवेश किया था। हालाँकि वॉरेन इस निवेश को औसत श्रेणी का निवेश विकल्प मानते थे, लेकिन वे अपनी संपत्ति को 'नकदी समकक्ष' (कैश इक्विवेलेंट) में रखने के लिए सबसे अच्छे विकल्प थे। उन्होंने ये बॉण्ड इसी नीयत से खरीदे थे कि जब उसे दूसरे निवेशों के लिए पूँजी की आवश्यकता होगी, वह उन्हें बेच सकते थे। इस रणनीति के चलते ब्याज की दरें बढ़ने की स्थिति में वॉरेन को नुकसान भी हो सकता था, लेकिन उनका मानना था कि यदि उन्हें नुकसान हुआ भी तो वह उसे 'कोका कोला' जैसे उत्कृष्ट व्यवसायों में दीर्घकालिक निवेश के संभावित लाभ में पूरा कर लेंगे।

वॉरेन ने 1,000 डॉलर प्रति शेयर की दर से 'वॉल स्ट्रीट' के सबसे बड़े और सबसे अधिक लाभ कमानेवाले निवेश साहूकार प्रतिष्ठान (इन्वेस्टमेंट बैंकिंग फर्म)—'सैलोमन ब्रदर्स' में 70 करोड़ डॉलर के निवेश से 9 प्रतिशत 'अधिमानी स्वामित्व हिस्सेदारी' (प्रेफर्ड शेयर ऑफ स्टॉक) खरीदी थी।

जी हाँ, वॉरेन ने 1,000 डॉलर प्रति शेयर की दर से 'वॉल स्ट्रीट' के सबसे बड़े और सबसे अधिक लाभ कमानेवाले निवेश साहूकार प्रतिष्ठान (इन्वेस्टमेंट बैंकिंग फर्म)—'सैलोमन ब्रदर्स' में 70 करोड़ डॉलर के निवेश से 9 प्रतिशत 'अधिमानी स्वामित्व हिस्सेदारी' (प्रेफर्ड शेयर ऑफ स्टॉक) खरीदी थी। उस सौदे की शर्तों के अनुसार, वॉरेन तीन वर्षों के बाद अपनी 'अधिमानी स्वामित्व हिस्सेदारी' को 'सैलोमन ब्रदर्स' की 'सामान्य स्वामित्व हिस्सेदारी' (कॉमन स्टॉक ऑफ शेयर) में बदल सकते थे। उस सौदे की शर्त यह भी थी कि यदि वॉरेन 'अधिमानी स्वामित्व हिस्सेदारी' को 'सामान्य स्वामित्व हिस्सेदारी' में न बदलने का चुनाव करेंगे तो उसके बदले में 'सैलोमन ब्रदर्स' को सन् 1995

के बाद पाँच वर्षों तक प्रतिवर्ष 1.40 लाख वर्ष डॉलर की दर से वॉरेन को 'अधिमानी स्वामित्व हिस्सेदारी' (प्रेफर्ड शेयर ऑफ स्टॉक) में देना होगा। स्पष्ट है कि वॉरेन ने 70 करोड़ डॉलर में 'सैलोमन ब्रदर्स' के लगभग 1.85 करोड़ 'सामान्य स्वामित्व हिस्सेदारी' (कॉमन स्टॉक ऑफ शेयर) का सौदा किया था, साथ ही सौदे में उन्होंने यह विकल्प भी खुले रखे कि वह अपनी इच्छा के अनुसार उस हिस्सेदारी को अपने पास भी रख सकते थे या फिर बेच भी सकते थे।

और सन् 1995 में वॉरेन ने वैसा ही किया भी था, क्योंकि उनके पास उस पूँजी को और अधिक लाभ देनेवाले विकल्प में निवेश का अवसर था। फिर सन् 1996 में वॉरेन ने 'सैलोमन ब्रदर्स' की 'सामान्य स्वामित्व हिस्सेदारी' से 50 करोड़ डॉलर मूल्य का 'बर्कशायर हैथवे' का 'परिवर्तनीय ऋण-प्रपत्र' (कन्वर्टिबल बॉण्ड/नोट्स) सुरक्षित कर लिया था, जो फिर से 'सैलोमन ब्रदर्स' की 'सामान्य स्वामित्व हिस्सेदारी' में बदला जा सकता था। इस तरह से वॉरेन ने 'बर्कशायर हैथवे' के 'परिवर्तनीय ऋण-प्रपत्र' के माध्यम से परोक्ष रूप से 'सैलोमन ब्रदर्स' की 88.25 लाख डॉलर की 'सामान्य स्वामित्व हिस्सेदारियाँ' (कॉमन स्टॉक ऑफ शेयर) बेच दी थीं। इस तरह, वॉरेन ने कर भुगतान से पहले 11.8 प्रतिशत आय और कर भुगतान के बाद 7.7 प्रतिशत शुद्ध वार्षिक लाभ अर्जित किया था।

□□□